Alltägliches

5-Minuten-Vorlesegeschichten für Menschen mit Demenz

Anja Stroot

Verlag an der Ruhr

Titel
5-Minuten-Vorlesegeschichten für Menschen mit Demenz
Alltägliches

Autorin
Anja Stroot | anjastroot.jimdo.com

Titelbildmotiv
Alltagsmenschen-Skulpturen
© Christel Lechner Bildhauerin
www.christel-lechner.de

Verlag an der Ruhr
Mülheim an der Ruhr
www.verlagruhr.de

Ein Hinweis für die Vorlesenden:
Seien Sie umsichtig im Umgang mit Demenzkranken, denn viele Betroffene reagieren beim Lesen des Wortes „Demenz“ sehr empfindlich. Im Einzelfall kann es daher sinnvoll sein, das Wort „Demenz“ im Titel des Covers abzukleben, oder Sie verwenden beim Vorlesen eine Schutzhülle als Buchumschlag.

Unser Beitrag zum Umweltschutz:
Wir sind seit 2008 ein ÖKOPROFIT®-Betrieb und setzen uns damit aktiv für den Umweltschutz ein. Das ÖKOPROFIT®-Projekt unterstützt Betriebe dabei, die Umwelt durch nachhaltiges Wirtschaften zu entlasten.
Unsere Produkte sind grundsätzlich auf chlorfrei gebleichtes und nach Umweltschutzstandards zertifiziertes Papier gedruckt.

ISBN 978-3-8346-2346-1
Printed in Germany

Inhalt

Für euch,
die ich nie vergessen möchte!

Meine Familie, die mir die Zeit gab,
dieses Buch zu schreiben.

Meine Freunde,
die mir immer hilfreich zur Seite stehen.

Alle,
die mich an schöne Zeiten erinnern.

DANKE!

Vorwort

Außergewöhnliche Geschichten aus dem Leben.
Ich habe sie gesammelt und für Sie aufgeschrieben.
Das Schreiben hat mir viel Spaß gemacht. Ich hoffe,
Sie spüren das zwischen den Zeilen!

In meinem ersten Buch *Leselust für 50 plus!* (erschienen bei BoD) habe ich angegeben, welche Geschichten wirklich geschehen sind. Jedoch habe ich in meinen Lesungen festgestellt, dass es für viele ein besonderer Reiz ist, es nicht direkt zu wissen und selber zu rätseln: „Ist das wirklich geschehen?" Daher verrate ich es in diesem Buch nicht und überlasse Ihnen selbst die Entscheidung, was Sie als wirklich geschehen glauben möchten. Eventuelle Ähnlichkeiten sind also rein zufällig und keinesfalls beabsichtigt.

Ich wünsche Ihnen mit den Geschichten ein abwechslungsreiches Lesevergnügen!

Anja Stroot

Über die Reihe

Lesen ist eine der schönsten und zeitlosesten Freizeitbeschäftigungen für Jung und Alt. In Erzählungen abtauchen, sich in andere Personen hineinversetzen, via Fantasie Zeitreisen unternehmen … Lesen bietet die Möglichkeit, dem Alltag zu entfliehen und ihn gleichzeitig zu verarbeiten. Wem das Lesen jedoch Mühe bereitet, kann Lesevergnügen auch über das Vorlesen erleben.

Die Reihe **„5-Minuten-Vorlesegeschichten für Menschen mit Demenz"** berücksichtigt die Einschränkungen von Demenzkranken mit kurzen, pointierten und einfachen Geschichten, die an das Alltagserleben anknüpfen. Mal humoristisch, mal nachdenklich oder auch religiös-besinnlich – je nach Anlass und Situation können Sie die passende Geschichte auswählen und die Zuhörer zum Gedankenaustausch anregen. Die entsprechenden Anschlussfragen und Aktivierungsideen* zu jeder Geschichte bieten die dazu nötigen Anknüpfungspunkte – für ein abwechslungsreiches (Vor-)Lesevergnügen!

*Einige Aktivierungsideen eignen sich selbstverständlich nur, wenn es aus medizinischer Sicht keinerlei Bedenken gibt, einen Kuchen, Pralinen o.Ä. verzehren zu dürfen oder zu können, z.B. weil Schluckstörungen oder Diabetes vorliegen.

Dorfgespräch

Es ist ein idyllisches Dörfchen, in dem Emma lebt. Beinahe alle kennen sich untereinander. Nur in dem Neubaugebiet, in dem Emmas Familie gebaut hat, sind einige Leute von außerhalb neu dazugekommen.

Frauke, Emmas Nachbarin, ist eine sehr unterhaltsame Frau. Sie treffen sich oft an der Hecke, die ihre beiden Grundstücke voneinander trennt. Und auch wenn sie dann mit der Gartenarbeit nicht mehr wirklich vorankommen, so sind ihnen diese Gespräche doch sehr wichtig. Denn nach diesen Gesprächen sind sie wieder auf dem Laufenden, was den neusten Klatsch und Tratsch im Dorf betrifft. So war es auch an diesem Tag.

„Guten Morgen, Emma!"

„Moin Frauke, bist du schon wieder früh auf den Beinen! Bist du aus dem Bett gefallen?"

„Du weißt doch, wer früh aufsteht, der schafft auch viel! Und ich muss heute noch das ganze Unkraut herausziehen, das ist ja wieder so schnell nachgewachsen. Eine Plage ist das. Dann noch den Rasen düngen, zwischendurch einkaufen und das Essen kochen. Aber das kennst du ja selbst. Und wie ist es bei euch?"

„Ach, über Langeweile kann ich mich auch nicht beklagen. Aber es ist schon gut so, wie es ist. Alles in Ordnung."

„Tja, das könnte sich aber bald ändern. Hast du schon gehört, was es hier Neues gibt?"

„Neues? Nein, ich weiß wirklich nicht, was du meinst. Habe ich etwas verpasst?"

„Das kann man wohl sagen! Das ist doch schon lange Dorfgespräch! Gegenüber wird neu gebaut. Die Leute, die dort wohnen werden, sollen eine Kampfhundezucht haben. Hast du denn noch nichts davon gehört?"

Emma stieg schlagartig die Blässe ins Gesicht. Wenn sie vor irgendetwas überhaupt Angst hatte, dann waren das

Hunde. Ihr schossen so viele Gedanken auf einmal durch den Kopf. Jetzt hatten sie ein so schönes Haus gebaut und dann das. Eine Katastrophe.

„Das kann doch wohl nicht wahr sein, oder? Woher weißt du das?"

„Ich kenne jemanden aus der Familie. Die sollten es ja wohl wissen. Und der hohe Zaun steht ja auch schon da. Welchen Zweck sollte der sonst haben? Aber das so etwas in einem Wohngebiet überhaupt erlaubt ist. Das ist doch nicht zumutbar. Es sollte verboten werden."

„Ja, und die Gefahr, die davon ausgeht. Wenn das wirklich stimmt, können wir unser Haus wieder verkaufen und woanders hinziehen. An die Kinder mag ich da gar nicht erst denken. Die sind ja auf der Straße nicht mehr sicher. Stell dir nur mal vor, wenn die Hunde mal ausbüxen. Dann können wir das Haus nicht mehr verlassen!"

„Was sollen wir tun? Wir können es ja doch nicht ändern. Uns fragt ja keiner. Es wird uns wohl nichts anderes übrig bleiben, als abzuwarten."

So beendeten Emma und Frauke ihr Gespräch und gingen wieder an ihre Arbeit. Emma hatte noch lange Bauchschmerzen, wenn sie nur daran dachte.

Ein Jahr später war das Haus der Nachbarn gegenüber fertiggestellt. Immer wieder hatte Emma in den vergangenen Wochen das Haus und die Leute dort beobachtet. Sie suchte nach Hinweisen, aber konnte einfach nichts entdecken, was ihr die Angst nahm oder aber das Gerücht bestätigte. Bei der ersten Gelegenheit sprach Emma ihren neuen Nachbarn, Herrn Ritter, darauf an. Denn die Sache mit den Kampfhunden ließ ihr einfach keine Ruhe.

„Stimmt es wirklich, dass Sie hier Kampfhunde züchten wollen, Herr Ritter?"

Der ältere Herr schaute sie etwas skeptisch an. Dann zog er eine Augenbraue hoch und begann, laut zu lachen. Erst als er schon Tränen vom Lachen in den Augen hatte, antwortete er: „Soll das ein Scherz sein? Ich habe nur den kleinen Pfiffi hier. Und einen Dackel kann man ja nun wirklich nicht als Kampfhund bezeichnen, oder?"

Emma war erleichtert. Ihr fiel ein Stein vom Herzen. Aber peinlich war es ihr auch, denn sie hatte den Tratsch tatsächlich geglaubt und lange Bauchschmerzen deswegen gehabt.

Lassen Sie erzählen:

* Mit Gerüchten wird vermutlich jeder Mensch im Laufe seines Lebens konfrontiert. Welche Erfahrungen haben Sie selbst mit Gerüchten gemacht?
* Die Geschichte spielt sich in der direkten Nachbarschaft ab. Nachbarschaft hatte früher einen sehr hohen Stellenwert.
  - Wie wichtig finden Sie selbst die Nachbarschaft?
  - Welche Erfahrungen haben Sie mit Nachbarn gemacht?

Was Sie noch tun können:

Stille Post ...

Hier erleben die Zuhörer, wie sich Nachrichten bei der Weitergabe verändern können. überlegen Sie sich einen Satz. Diese Nachricht wird einmal reihum von Ohr zu Ohr weitergeflüstert. Der Letzte spricht das, was er verstanden hat, laut aus und schreibt es an die Pinnwand. Als Vergleich geben Sie anschließend als Absender die tatsächlich gesagte Nachricht bekannt.

Kaffeepläuschchen im Herbstbeginn

Das Seniorenwohnheim „Herbstbeginn“ befand sich eingebettet in einer wunderschönen Parklandschaft mit vielen alten Bäumen. Trotzdem war das Stadtzentrum nicht zu weit entfernt, sodass es auch zu Fuß noch gut erreichbar war.

Einige Bewohner dieser Einrichtung wünschten sich häufiger Besuch von ihrer Familie oder Freunden. Paula, die liebenswerte Pflegedienstleiterin, wusste das aus den verschiedenen Gesprächen mit den Bewohnern. Sie sehnten sich nach Spaziergängen im Park, nach der wärmenden Sonne auf ihrer Haut und einem netten Gespräch mit ihren Lieben. Manchmal auch einfach nur nach einem gemeinsamen Kaffeetrinken. Aber mit Angehörigen war das nicht immer so leicht zu realisieren. Einige wohnten weit entfernt und kamen nur sehr selten zu Besuch.

Paula dachte viel darüber nach, denn nur zu gerne wollte sie diesen Zustand verändern. Aber wie?

Eines Tages hatte sie eine Idee und sie war sich sicher, dass es die Lösung des Problems sein würde. Deshalb fasste sie einen Entschluss: Sie würde Menschen suchen, denen es ähnlich erging, und sie mit den Bewohnern des Seniorenheimes zusammenführen. Zum Glück war die Heimleitung für neue Ideen immer offen, denn schließlich war es auch eine gute Werbung für ihr Haus.

Paula entwarf tolle Plakate, die sie selbst an verschiedenen Stellen aufhing. Dann druckte sie Handzettel, legte sie aus und verteilte sie persönlich. Sogar in der Zeitung wurde es bekannt gegeben: *Kaffeepläuschchen im Herbstbeginn*. So nannte Paula ihre Idee, in der Hoffnung möglichst viele Menschen damit zu erreichen. Aber nicht nur sie selbst, sondern auch die Heimleitung und ganz besonders die Bewohner, waren sehr gespannt, welchen Anklang diese Aktion in der Bevölkerung finden würde.

Als der Tag endlich gekommen war, war die Überraschung groß. Denn es waren viel mehr Leute gekommen als erwartet. Eine ganze Frauengruppe war erschienen. An der Kaffeetafel wurden die Stühle enger zusammengerückt. Die Berührungsängste waren schnell abgelegt. Paula freute sich sehr, dass ihre Idee so wahnsinnig gut angenommen wurde. Aber noch mehr freute sie sich darüber, dass sie das Leuchten in den Augen der Bewohner wieder entdecken konnte. Viele bedankten sich sogar bei ihr, sodass sie aufsteigende Tränen der Rührung unterdrücken musste.

Eine der Besucherinnen an dem Tag war die 49-jährige Elena. Sie war vor zwei Jahren aus Russland hierher gezogen und hatte bisher noch keine echten Freunde in ihrer neuen Heimat gefunden. Sie lernte auf diese Weise den Heimbewohner Franz kennen, der auch zu denjenigen gehörte, die nur selten Besuch bekamen. Als die beiden nach dem Kaffee zu einem Spaziergang aufbrachen, gab es bereits einige Gesprächsthemen. Denn Elenas Familie lebte noch immer in Russland, weit entfernt von ihr. Sich jetzt so gut unterhalten zu können, bereitete ihr große Freude. Und ihr Gesicht konnte ihre Stimmung nicht verbergen, denn ein Lächeln folgte dem nächsten. Elena und Franz gingen langsamen Schrittes durch den Park am Fluss entlang und ruhten sich zwischendurch immer wieder auf den Bänken aus. Sie erzählten von ihren Familien, von ihrem Alltag, von Erlebnissen, wie Urlaub, und von den Träumen, die sie hatten. Die Sonne schien ihnen dabei wärmend ins Gesicht und sie genossen es. Langsam lernten sie einander besser kennen. Und am Ende dieses wundervollen Tages reichte Franz Elena die Hand zum Abschied und sagte: „Elena, ich danke dir. Du hast mich sehr glücklich gemacht. Das war seit Langem mal wieder ein wunderschöner Tag für mich!"

Die Aktion *Kaffeepläuschchen im Herbstbeginn* kam bei allen gut an und wird seither regelmäßig wiederholt. Man munkelt sogar, dass auch andere Seniorenheime Paulas Idee übernommen haben.

Lassen Sie erzählen:

Paula, die liebenswerte Pflegedienstleiterin, hatte eine ganz besondere Idee, die sie "Kaffeepläuschchen im Herbstbeginn" nannte.

* Wie gefällt Ihnen diese Aktion mit dem gemeinsamen Kaffeetrinken und Spazierengehen?
* Welche Unterhaltungsmöglichkeiten (im Seniorenheim) gefallen Ihnen besonders gut, z. B. das Tanzcafé, das Seniorenkino oder die wöchentliche Bingo-Runde?

Was Sie noch tun können:

Kaffeeklatsch ...

Bieten Sie im Anschluss der Geschichte Kaffee und Kuchen an. Lassen Sie die Zuhörer bewusst am frisch aufgebrühten Kaffee riechen, um die Sinne zu aktivieren und regen Sie dabei ein Gespräch rund um das Thema Kaffee und Kuchen an.

Eine Fahrt im Aufzug

Bärbel muss in die vierte Etage. Schon als sie die Eingangstür des Mehrfamilienhauses aufschließt, sieht sie ihn wieder als Erstes vor sich: groß, dunkel und furchterregend. Beim Betreten des Flures bilden sich langsam Schweißperlen auf ihrer Stirn. Doch die ganzen Einkaufstaschen bis nach oben zu tragen, ist ihr einfach zu anstrengend. Also drückt Bärbel notgedrungen auf den Knopf am Aufzug. Das Lämpchen leuchtet auf. Es ist die einzige Lichtquelle in diesem dunklen Flur. Seit Wochen funktioniert die Deckenlampe im Hausflur nicht mehr. Aber nicht der Flur ist es, der ihr Angst einjagt, sondern die bevorstehende Fahrt im Aufzug. Als Kind war ein Aufzug einmal mit ihr stehen geblieben. Sie hatte damals lange auf Hilfe warten müssen. Seitdem fährt ihre Angst in Aufzügen immer mit, wenn sie es sich nicht doch noch im letzten Moment anders überlegt und lieber die Treppenstufen bis nach oben nimmt.

Ein leiser Gong erklingt und die Aufzugstür öffnet sich. Der Aufzug ist leer. Doch Bärbel kann ihre Füße keinen Schritt nach vorne bewegen. Sie steht da, schwitzt immer stärker und spürt ihr Herz rasen. Die Tür schließt sich wieder. Der Aufzug ist wieder weg. Nach einigen Minuten des inneren Kampfes versucht Bärbel es erneut. Wieder drückt sie auf den Knopf am Aufzug. Noch immer ist sie aufgeregt. Und mit dem Drücken des Knopfes kehrt Bärbels Angst auch wieder zurück. Denn sie weiß genau, dass sich nach einigen Sekunden wieder die Aufzugstür vor ihr öffnet. Dieses Mal will sie ihre Angst überwinden und den Aufzug wirklich betreten. Bärbel ist fest entschlossen, aber sie weiß nicht, ob ihre Beine ihr dieses Mal gehorchen werden. Vielleicht hatte ihr Arzt doch Recht gehabt, als er ihr bereits vor Jahren vorschlug, eine Therapie gegen ihre Angst zu machen.

„Hallo Bärbel! Wie geht es dir? Wir haben uns ja ewig nicht gesehen. Ich war gerade in der Nähe und wollte dich besuchen“, sagt Manfred, der plötzlich hinter ihr steht.

Bärbel erschrickt. Sie zuckt zusammen. Sie war so mit ihrer Angst beschäftigt, dass sie nicht gemerkt hat, dass Manfred den Hausflur betreten hatte. Aber er kommt gerade zur rechten Zeit, denkt sie. Denn sie hat spontan eine Idee und antwortet: „Das ist ja schön, dich mal wieder zu sehen. Lass uns doch zusammen einen Kaffee trinken! Kannst du vielleicht eben die Taschen mit dem Aufzug mitnehmen? Ich gehe lieber zu Fuß hoch.“ Bärbel ist sich eigentlich sicher, dass Manfred ihre Einkaufstaschen ohne zu zögern mitnimmt. Manfred war nämlich schon immer sehr hilfsbereit.

Manfred sieht sie an. Ihm fällt der Schweiß auf Bärbels Stirn auf. Da er sie schon viele Jahre kennt, ahnt er den Grund dafür. Aber dass es so schlimm ist, wusste er nicht. Mit einem Lächeln im Gesicht sagt er: „Bärbel, ich helf’ dir gerne. Lass es uns gemeinsam versuchen. Hab keine Angst.“

Die Tür öffnet sich wieder und Manfred geht mit den Einkaufstaschen in der Hand hinein. Er bleibt in der Aufzugstür stehen und reicht Bärbel die Hand: „Komm Bärbel! Trau dich!“ Und tatsächlich, ihre Beine gehorchen ihr wieder. Irgendwie wirkt Manfreds Aufforderung. Sie geht in den Aufzug und ist stolz, ihn überhaupt betreten zu haben. Die Aufzugstür schließt sich wieder. Als der Aufzug sich in Gang setzt, bricht Bärbel erneut der Schweiß aus. Manfred fasst nach ihrer Hand und hält sie die ganze Zeit fest. Er will ihr Halt geben, streichelt über ihren Arm. Und es scheint tatsächlich zu wirken. Bärbel schwitzt zwar, aber sie verspürt kaum noch Angst. Ihre Beine fühlen sich an wie immer und von Herzrasen keine Spur. Kurz darauf geht die Tür schon wieder auf und sie haben die vierte Etage erreicht. Erleichtert steigt Bärbel aus. Manfred folgt ihr mit den Einkaufstaschen. Es ist wie ein Wunder, denn bei dieser Fahrt hat sie tatsächlich kaum Angst verspürt.

Manfred sagt nichts und dafür ist sie ihm in diesem Moment besonders dankbar.

Lassen Sie erzählen:

* Bärbel hatte große Angst davor, in den Aufzug zu steigen. Wie fühlen Sie sich beim Aufzugfahren?
* Sicherlich ist es Ihnen schon einmal gelungen, eine Angst, z. B. vor der Dunkelheit, zu besiegen. Wie haben Sie das gemacht?

Was Sie noch tun können:

Bewegungsübung Treppensteigen ...

Schließen Sie an die Geschichte eine kleine gymnastische Übung an. Die Zuhörer gehen zunächst rhythmisch, am besten zum Takt einer Musik, auf der Stelle. Wer unsicher ist, kann sich an der Stuhllehne festhalten. Nun sollen sich die Zuhörer vorstellen, "Treppen zu steigen", und heben die Beine beim Gehen an.

Agathas Schokoladenironie

Seit einem Jahr war Agatha nun schon arbeitslos, als sie auf eine interessante Stellenanzeige in der Tageszeitung stieß. Hier stand:

Köchin gesucht für unser erstklassiges Sternerestaurant mit Hotelbetrieb. Voraussetzungen: Sehr gute Kochkenntnisse sowie die Fähigkeit, sich selbst und seine Tätigkeit überzeugend präsentieren zu können.

Agatha fühlte sich angesprochen. Nachdem sie einen Moment darüber nachgedacht hatte, nahm sie kurzentschlossen den Telefonhörer in die Hand und rief dort an.

Herr Weber, der Personalchef des Hauses, war selbst ans Telefon gekommen und hatte ihr direkt einen Termin mitgeteilt, an dem sie vorbeikommen solle, um sich vorzustellen und ihn zu überzeugen. Herr Weber informierte sie, dass sie bei dem Vorstellungstermin ein Menü seiner Wahl zur Probe kochen und einen Vortrag vor der Belegschaft halten müsse. Das Thema des Vortrags sei „Schokolade".

Oh je, dachte Agatha. Kochen ist kein Problem. Das mache ich mit links. Aber einen Vortrag halten? Über Schokolade? Trotzdem, so schwer es auch sein würde, sie musste es gut machen. Denn das war vermutlich ihre letzte Chance auf eine gute Arbeitsstelle. In ihrem Alter war das alles nicht mehr so einfach. Ihr Mann Meinhard machte verschiedene Vorschläge und versuchte, ihr Tipps zu geben, als ihr plötzlich eine Idee kam. Schnell begann Agatha, alles aufzuschreiben, denn viel Zeit blieb ihr ja nicht mehr.

Am nächsten Tag ging Agatha ins Restaurant, wo Herr Weber sie freundlich begrüßte. Zunächst ging er mit ihr in die Küche. Er zeigte ihr, wo alles stand, und ließ sie unter seiner Beobachtung Probe kochen. Was er auch wünschte, sie kochte es perfekt für ihn. Obwohl er schon jetzt von Agatha begeistert war, ließ er sich nichts anmerken. Denn ihm war auch der zweite Teil seines Testes, der Vortrag, sehr wichtig. Also führte er sie in den Besprechungsraum, der bereits mit seinen Mitarbeitern gefüllt war. Als Agatha am Rednerpult stand und alle sie erwartungsvoll ansahen, wurde ihr doch etwas mulmig zumute. Aber dann holte sie tief Luft und begann mit fester Stimme ihren Vortrag:

„Sehr geehrter Herr Weber, sehr geehrte Damen und Herren! Obwohl ich Ihnen heute nichts vom Kochen erzähle, so hat mein Thema doch etwas mit Genuss zu tun, wie auch das Ergebnis Ihrer täglichen Arbeit in diesem Restaurant. Ich habe für Sie den Reiz der Schokolade erkundet, was an sich keine einfache Aufgabe darstellte. Denn wenn man jemanden fragt: ‚Was ist Schokolade?' ist die Antwort recht kurz und eindeutig: ‚Lecker!' Versucht man, dieses weiter zu hinterfragen: ‚Was macht Schokolade?', gibt es immerhin schon zwei verschiedene Antworten: ‚Glücklich' und ‚dick'.

Trotzdem oder vielleicht gerade deshalb habe ich versucht, der Sache auf den Grund zu gehen, wie man so schön sagt. Dabei habe ich festgestellt, dass die Erscheinungs- und Wirkungsformen der Schokolade sehr vielfältig sind. Trotz der Vielfältigkeit aber haben doch alle Formen eines gemeinsam: den Genuss! Sowohl als Süßigkeit zwischendurch als auch als Zutat zu Gebäck und Kuchen oder als Getränk. Immer ist es mit Genuss verbunden. Schokolade kann Medizin, Schleckerei oder Geschenk sein. Kinder bekommen sie als Belohnung oder als Trost gegen den Schmerz. Man sagt ihr unter anderem nach, ein Aphrodisiakum und auch Suchtmittel zu sein. Außerdem soll der Genuss von Schokolade glücklich machen.

Aufgrund jahrelanger Beobachtung einer mir nahestehenden Testperson kann ich deren Schokoladenkonsum und die daraus resultierende Wirkung gut beschreiben. Bei der Testperson handelt es sich um einen Schokoladenliebhaber. Dieses begründet sich für mich in dem unterschiedlichen Schokoladenkonsumverhalten meiner Person und der Testperson. Am einfachsten ist der Unterschied an dem sogenannten Suchtverhalten zu verdeutlichen. Habe ich Schokolade in irgendeinem Schrank deponiert, so kann ich sicher sein, dass diese spätestens zwei Stunden nach Betreten des Hauses durch die Testperson von dieser aufgefunden und direkt aufgegessen wird. Durch wiederholtes Vorkommen erhärtete sich der Verdacht, dass diese Person tatsächlich in der Lage ist, Schokolade direkt aufzuspüren. So, als ob sie Schokolade wirklich riechen könnte. Nach dem Auffindevorgang ist das Verlangen inzwischen so groß geworden, dass sie das Aufgefundene direkt als ihre Belohnung ansieht und verspeist. Bei mir hingegen würde nur eine ganz geringe Menge, etwa 50 bis 100 Gramm, und frühestens nach Ablauf von circa vier Wochen, verspeist sein. Vorausgesetzt natürlich, die Testperson wäre in der Zeit abwesend. Auch würde es mir keine Probleme bereiten, längere Zeit ganz auf Schokolade zu verzichten.

Die Testperson ist männlichen Geschlechtes im Alter von 50 Jahren. Das Konsumverhalten sowie die Wirkungsweise haben sich in den letzten Jahren nicht verändert. Normalerweise tritt das Verlangen nach Schokolade bei ihm nach einem sehr anstrengenden Arbeitstag auf. Dieses hat zur Folge, dass er sich üblicherweise 100 bis 300 Gramm Schokolade kauft. Diese bewahrt er bis zum Abend auf. Erst wenn er sich und seine Schokolade in Sicherheit weiß, das heißt, wenn die Kinder schlafen, beginnt er mit dem Genuss seiner Trostpflaster. Wobei die Anwesenheit meiner Person sich dabei nicht störend auf ihn auswirkt, da mich der neben mir liegende Schokoladenberg unbewegt lässt. Die Zeit des Genusses ist allerdings relativ kurz. Denn 300 Gramm Schokolade sind meist innerhalb von einer halben Stunde verspeist. Nach dem Verzehr kann man eine gewisse Entspannung bei der Person feststellen. Vermutlich, weil die Schokolade aufgegessen ist.

In der Tat ist es so, dass sich die Stimmung bessert und die Testperson wieder fröhlicher wird. Anhand dieses langjährigen Versuches kann ich also bestätigen, dass Schokolade tatsächlich glücklich macht und auch tröstet!"

Agatha machte eine kurze Pause. Dann holte sie erneut tief Luft und sagte laut und deutlich, den Blick auf Herrn Weber gerichtet: „Hinsichtlich der aphrodisischen Wirkung der Schokolade bleibt das Testergebnis jedoch mein Geheimnis, da es sich bei der Testperson um meinen Ehemann handelt. Vielen Dank für Ihre Aufmerksamkeit!"

Damit beendete Agatha ihren Vortrag und senkte nun etwas verlegen, aber gespannt ihren Blick. Einen Moment blieb es still. Agatha befürchtete schon das Schlimmste. Doch dann, mit einem Mal, standen alle auf und klatschten. Die Mitarbeiter lachten herzhaft und langsam verzog sich auch die Miene von Herrn Weber. Er kam auf Agatha zu, reichte ihr die Hand und sagte: „Glückwunsch, gelungener Vortag. Ich bin ehrlich begeistert, mit wie viel Fantasie und auch persönlicher Ironie Sie dieses Thema angegangen sind. Was mich interessieren würde: War Ihr Mann eigentlich einverstanden, dass Sie hier so offen über sein Essverhalten sprechen?"

Daraufhin begann Agatha, laut zu lachen. „Ehrlich gesagt, mein Mann mag überhaupt gar keine Schokolade. Noch weniger als ich", antwortete sie keck.

Nun war Herr Weber erneut überrascht, denn er hatte ihr die Geschichte wirklich geglaubt. „Nun dann, ich sehe Sie morgen früh um zehn Uhr."

Lassen Sie erzählen:

* In der Geschichte geht es um das Thema Schokolade.
  - Was fällt Ihnen ein, wenn Sie an Schokolade denken?
  - Haben Sie auch eine Schwäche für Schokolade?
  - Welche Schokolade mögen Sie am liebsten, z. B. Vollmilch, Nugat, Zartbitter ...?
* Schokolade soll glücklich machen.
  - Stimmt das? Was meinen Sie?

Was Sie noch tun können:

Schokolade zum Probieren ...

Richten Sie verschiedene Sorten von Schokolade auf einem Tablett an. Reichen Sie das Tablett herum und lassen Sie probieren. Bitten Sie die Zuhörer, sich die Schokolade mit geschlossenen Augen genussvoll auf der Zunge zergehen zu lassen: Wie lässt sich der Geschmack der Schokolade beschreiben? Welche Schokolade schmeckt am besten?

Cleveres Mäuschen

Henriette schaut aus dem Küchenfenster. Komisch, denkt sie. Wo Lissy wohl bleibt? Lissy ist ihre grau-schwarz getigerte Katze. Jeden Morgen, wenn sie die Rollladen hochzieht, wartet ihre Katze schon sehnsüchtig auf ihr Futter. Wenn sie Henriette hinter dem Fenster erkennt, miaut sie laut. Aber heute scheint sie noch unterwegs zu sein.

Doch da kommt Lissy schon durch die Hecke des Nachbarn geschlichen. Sie trägt eine Maus im Maul.

Als sie Henriette am Küchenfenster sieht, bleibt sie auf dem Rasen stehen und schaut sie an. Sie überlegt. Erst gestern hatte ihr Frauchen ihr den Spaß verdorben und ihr eine Maus wieder weggenommen, die sie als Geschenk auf die Fußmatte gelegt hatte.

Henriette dagegen will nicht, dass ihre Katze so viele Mäuse frisst, weil sie davon Würmer bekommt. Außerdem hat sie Mitleid mit den Mäusen. Sie sind schließlich auch Lebewesen.

Das letzte Mäusegeschenk ist noch gar nicht so lange her, erinnert sich Henriette. Aber man glaubt es kaum, es wurde gestohlen. Und Henriette hatte den Dieb sogar zufällig beobachtet. Sie hatte nämlich gerade erst die tote Maus entdeckt, als sich der Dieb bereits näherte. Lissy hatte die Maus dieses Mal kurz vor ihrer Fußmatte auf dem Terrassenboden abgelegt. Henriette erinnert sich, wie sie die Maus beim Blick durchs Fenster entdeckte, und dachte: Ja Lissy, ich lieb' dich auch. Aber ganz so oft brauchst du mir nun doch nicht Geschenke mitzubringen. Ich werde die Maus gleich wegräumen. Aber das sollte sich dann ja von selbst erledigen. Denn plötzlich kam eine Elster angeflogen und landete auf Henriettes Rasen. Die Elster sah die tote Maus und schnappte sie sich. Mit der Maus im Schnabel flog die Elster so schnell davon, wie sie gekommen war. Etwas komisch sah das schon aus, ein Vogel mit einer so großen, dicken Maus im Schnabel. So war also Lissys Geschenk für ihr Frauchen gestohlen worden. Aber Henriette war ehrlich gesagt nicht traurig darüber. Sie wusste jetzt jedenfalls, warum dieser Vogel auch oft als „diebische Elster" bezeichnet wurde.

Doch heute schien ihre Katze Lissy verunsichert zu sein, denn sie schaut Henriette abwartend durch das Küchenfenster an. Henriette öffnet das Fenster und ruft: „Lissy, komm schnell her, lecker Fressen!" Die beiden blicken sich immer noch an. Dann legt Lissy tatsächlich die Maus auf dem Boden ab und geht langsam auf Henriette zu.

Später komme ich zurück und hole dich, beschließt die Katze Lissy insgeheim für sich. Die Maus bewegt sich nicht mehr.

Schon wieder eine tote Maus. Du armes Tierchen, denkt sich Henriette mitleidig.

Doch als Lissy gerade zwei Meter entfernt ist, dreht sich die Maus blitzschnell vom Rücken auf ihre Beinchen und rennt davon. Da hat Lissy das Tier wohl gewaltig unterschätzt. Henriette lacht. Sie freut sich und denkt dabei: Die Maus hat sich nur tot gestellt. Cleveres Mäuschen.

Lissy unterdessen hat es nicht einmal bemerkt, dass ihre Beute wieder geflohen ist. Sie kommt zu Henriette an die Terrassentür und begrüßt sie miauend. Dabei drückt sie ihren Körper an ihre Beine. Sie streckt sich immer wieder hoch zu Henriettes Hand und genießt ihr liebevolles Streicheln.

„Na Lissy, warst du schon wieder auf der Jagd? Jetzt hast du dir dein Futter wirklich verdient. Das schmeckt doch viel besser als die alten Mäuse“, meint Henriette und stellt ihr das Futterschälchen hin. Lissy frisst wie ausgehungert, obwohl sie am Vorabend genug bekommen hat. Henriette beobachtet sie beim Fressen. Dann streichelt sie Lissy noch einmal über ihr weiches, getigertes Fell und sagt: „Friss mal ordentlich, denn das clevere Mäuschen wirst du nicht wiederfinden!“

Lassen Sie erzählen:

* In der Geschichte geht es um ein cleveres Mäuschen. Für wie intelligent halten Sie Mäuse?
* Henriette hat eine Katze namens Lissy. Welche Erfahrungen haben Sie mit Haustieren gemacht?
* In der Geschichte spielt eine diebische Elster eine wichtige Rolle. Welche Eigenschaften werden Tieren im Volksmund nachgesagt?.

Was Sie noch tun können:

Tiere beobachten ...

Beobachten Sie gemeinsam mit den Zuhörern Tiere, die beim Blick aus dem Fenster zu sehen sind. Welche Tiere entdecken sie? Was empfinden die Zuhörer dabei? Vielleicht gibt es in Ihrer Einrichtung auch einen Hund oder andere Tiere, die Sie einbinden können.

Lieber Mensch gesucht und gefunden

Lieber Mensch für Spaziergänge und vertrauensvolle Gespräche gesucht. Alter, Geschlecht und Aussehen egal. Humor und graue Schläfen kein Hindernis. Interesse? Dann melden Sie sich unter folgender Nummer: 0 71 62 – 9 40 87 72

So stand es in der Tageszeitung, als Marina es las. Marina war eine Frau, die langsam auf die 50 zuging, aber sich gerne an der Mode jüngerer Frauen orientierte. Sie war tolerant gegenüber ihren Mitbürgern und erwartete das auch von ihrem jeweiligen Gegenüber. Die Anzeige in der Tageszeitung sprach sie irgendwie an. Vermutlich, weil auch sie einen solchen Menschen vermisste. Wie oft schon verspürte sie abends nach ihrer Arbeit den Wunsch, noch einen Spaziergang zu machen. Aber alleine konnte sie sich einfach nicht aufraffen. Zu ihrer Familie hatte sie nur selten Kontakt, weil sie sich untereinander nicht so gut verstanden. Richtige Freunde hatte sie auch nicht. Zumindest nicht in der Nähe. Eine Freundin gab es zwar, aber die wohnte auch immerhin 40 Kilometer entfernt. Kurzentschlossen wählte sie die angegebene Telefonnummer.

Ein Herr Schulte meldete sich am anderen Ende. Seine Stimme klang sympathisch. Für den nächsten Tag verabredeten sie sich um 17 Uhr in einem Café in der Innenstadt. Dort sollte ihr erstes Treffen stattfinden.

„Wie erkenne ich Sie denn?“, wollte Marina wissen.

„Lesen Sie gerne?“, fragte Herr Schulte daraufhin.

„Ja. Eigentlich sogar sehr viel. Beim Lesen kann ich wunderbar entspannen und mich in fremde Welten hineinträumen“, antwortete Marina.

„Na wunderbar. Dann würde ich vorschlagen, jeder von uns bringt zwei seiner Lieblingsbücher als Erkennungszeichen mit. So können wir uns zum Warmwerden etwas über unsere Bücher erzählen. Was meinen Sie?", fragte Herr Schulte.

„Ja, warum nicht. Ich habe zwar noch nie von einem solchen Erkennungszeichen gehört, aber es gefällt mir. Also, dann sehen wir uns morgen um 17 Uhr. Bis dahin! Ich freue mich", sagte Marina und legte den Telefonhörer wieder auf. Sie war schon sehr gespannt auf Herrn Schulte. Gute Ideen hat er ja, dachte sie.

Am nächsten Tag ging sie nach der Arbeit direkt in das Café, in dem sie sich verabredet hatten. Doch oh Schreck! Dort saßen gleich mehrere Männer alleine an Tischen. Marina ging langsam durchs Café und hielt Ausschau nach den Büchern auf dem Tisch, ihrem Erkennungszeichen. Bei ihrer Suche vergaß sie selbst, ihre Bücher aus der Handtasche zu nehmen, damit Herr Schulte sie erkennen konnte. An einem Tisch am Fenster entdeckte sie schließlich einen gepflegt aussehenden Herrn. Er hatte volles, graues Haar und sah für sein Alter, welches sie auf etwa 60 schätzte, noch sehr gut aus. Vor ihm lagen zwei Bücher auf der Tischkante. Marina ging auf seinen Tisch zu und wollte sich dazusetzen.

„Entschuldigen Sie bitte, meine Dame, der Platz ist leider schon besetzt. Ich bin hier bereits mit einer anderen Dame verabredet", versuchte Herr Schulte, Marina händewedelnd, aber freundlich zu vertreiben. Denn in seinem Kopf hatte er so eine ganz andere Vorstellung von seiner Verabredung. Diese Frau hier trug so eine Art Turnschuhe. Dazu eine hautenge Hose mit einem langen, labberigen Pullover darüber. Nichts, was die Figur betonte. Was für eine Mode? Aber das Schlimmste war die Frisur. Ihre Haare waren kurz geschnitten und in alle Himmelsrichtungen frisiert. Die vermutlich blondierten Haare hatten eine lange, schwarze Strähne, die ein Auge des eigentlich hübschen Gesichtes vollkommen bedeckte. Außerdem hat sie keine Bücher dabei, dachte er.

Marina stand wieder von dem Stuhl auf. Dann schaute sie den Herrn an und sagte: „Entschuldigen Sie bitte. Ich glaube, wir sind hier verabredet. Oder sind Sie nicht Herr Schulte? – Oh, dass hätte ich ja beinahe vergessen. Die Bücher." Schnell zog sie die Bücher aus der Tasche und legte sie auf den Tisch.

Jetzt schaute Herr Schulte etwas überrascht. Aber dann lächelte er und sagte: „Doch, doch. Ich bin es. Also dann sind Sie die Marina! Bitte setzen Sie sich doch wieder. Ich konnte ja nicht ahnen, dass Sie das sind."

Er reichte ihr nun offiziell die Hand zur Begrüßung und nahm ihr die Jacke ab. Erst als Marina sich wieder gesetzt hatte, nahm er auch wieder Platz. Nun denn, dachte er. Wenn die Chemie zwischen uns stimmt, was stören wir uns eigentlich an so Nebensächlichkeiten wie das äußere Erscheinungsbild?

Sein gutes Benehmen gefiel Marina auf Anhieb. Er hatte so eine freundliche Art an sich. Und doch muss er genauso einsam sein wie ich, ging es Marina dabei durch den Kopf.

Ihr erstes Treffen blieb nicht das einzige. Denn sie vereinbarten, dieses einmal wöchentlich mit einem anschließenden Spaziergang zu wiederholen. So entwickelte sich nicht nur eine Zweckgemeinschaft, sondern eine dauerhafte Freundschaft, die für beide Seiten eine echte Bereicherung darstellte. Herr Schulte schämte sich im Nachhinein für seine anfänglichen Vorurteile. Denn Marina war ein unglaublich liebenswerter Mensch, den er gesucht und mit ihr gefunden hatte.

Lassen Sie erzählen:

* Die Geschichte beginnt mit einer Kontaktanzeige. Wie gefällt sie Ihnen?
* Würden Sie auf eine solche Freundschaftsanzeige antworten? Warum?
* Angenommen, Sie hätten die Anzeige in die Zeitung gesetzt. Welches Erkennungszeichen hätten Sie sich ausgesucht?
* Wie haben Sie Ihre Freunde kennengelernt?
* Haben Sie einen großen Freundeskreis?

Was Sie noch tun können:

Kontaktanzeigen lesen …

Suchen Sie aus Zeitungen oder Zeitschriften verschiedene Kontaktanzeigen heraus. Lesen Sie den Zuhörern die Anzeigen vor: Welche Anzeige spricht sie an? Auf welche würden sie antworten?

Die Mückenjagd

Schon lange träumte Maria von einer Reise zum Bodensee. Jetzt war es endlich so weit. Zusammen mit ihrem Mann Karl verbrachte sie ihren Urlaub dort. Sie hatten ein Zimmer in einer Frühstückspension gemietet. Von ihrem Zimmerfenster aus konnte man direkt auf den Bodensee blicken.

Tagsüber machten sie Besichtigungstouren. Sie genossen die wunderschönen Spaziergänge und besonders das milde Klima. Maria schwärmte von den bunten

Blumen, die überall am Wegesrand und in den Beeten blühten.

Als sie eines Abends im Bett lagen und den Tag Revue passieren ließen, hörte Maria plötzlich ein Summen.

„Karl, hörst du das auch?“, fragte sie.

„Ich höre nichts!“, antwortete Karl.

„Psst! Sei mal leise. Da summt doch etwas.“

„Was du wieder hörst. Ich höre gar nichts!“

„Doch, doch. Es ist jetzt ganz deutlich zu hören“, beharrte Maria.

Suchend blickte Karl sich um.

„Da. Jetzt sehe ich, was du hörst. Es ist eine Mücke, die dir um die Nase schwirrt“, rief er.

„Karl, du weißt, mit Mücken im Zimmer mache ich kein Auge zu.“

„Schon gut. Ich werde versuchen, sie zu töten“, antwortete Karl und stand aus dem Bett auf. Entschlossen bewaffnete er sich mit einer Zeitung. Als er sich im Raum umblickte, konnte er die Mücke jedoch nicht mehr sehen.

„Wo ist sie denn jetzt, das verflixte Biest?“, fragte er Maria Hilfe suchend.

„Ich sehe sie gerade auch nicht. Schalte doch mal das große Licht an. Meistens fliegen sie doch ins Licht!“

„Sie ist weg“, meinte Karl nur.

„Nein, das kann nicht sein. Sie ist bestimmt noch da", sagte Maria entschieden.

„Aber ich sehe sie nicht mehr und ich höre auch nichts!"

„Du hörst nie etwas, weil du schwerhörig bist, und schläfst wie ein Bär. Bei deinem Schnarchen flüchten ja selbst die Mücken", antwortete Maria schon leicht angesäuert.

„Komm, jetzt übertreib mal nicht. So schlimm ist es auch nicht. Sonst wärst du wohl nicht so lange mit mir verheiratet, oder?"

„Da, Karl, am Schrank auf der Tür sitzt sie. Schnell!"

Karl schlich zum Schrank hinüber. Als er mit seiner Zeitung gerade zum Schlag ausholte, flog die Mücke davon.

„Ach, Karl. Du warst zu langsam. Jetzt ist sie wieder weg", jammerte Maria.

„Und jetzt? Vielleicht sollten wir einfach schlafen?"

„Ich kann aber nicht schlafen, wenn mir die Mücke um die Nase summt. Das weißt du doch."

Karl stand ganz still und konzentrierte sich auf das Summen der Mücke. Dann schlich er behutsam durch das Zimmer, um sie nicht wieder zu vertreiben.

„Karl, ich sehe sie wieder. Sie sitzt neben der Lampe unter der Decke. Sei vorsichtig, sonst fliegt sie wieder weg, bevor du da bist."

Langsam zog Karl seine Pantoffeln aus und stieg auf das Bett. Die Zeitung faltete er einmal zusammen. Jetzt konnte auch er die Mücke sehen.

„Psst! Sei ganz still, gleich habe ich sie", sagte er.

Als er einen sicheren Stand auf dem Bett gefunden hatte und nah genug dran war, holte er aus und schlug die Zeitung mit voller Wucht auf die Mücke. Dabei traf er versehentlich auch die Glaskuppe der Deckenlampe, die dadurch herunterfiel. Sie landete auf Marias Bein und zerbrach dabei in Scherben. Maria schrie auf und schimpfte:

„Au! Verflixt! Karl, was machst du denn? Bist du von allen guten Geistern verlassen? Jetzt haben wir den Schlamassel."

„Oh nein! Das wollte ich doch nicht, das weißt du hoffentlich. Es tut mir leid! Was sollen wir denn jetzt machen?", fragte Karl verzweifelt.

„Ja Karl, du wirst mich wohl zum Arzt fahren müssen, damit er die Scherben entfernen und mein Bein verbinden kann. Es tut zwar weh und blutet, aber ich glaube, es ist nicht so schlimm, wie es aussieht."

Schnell kleidete Karl sich wieder an und half danach Maria, sich anzuziehen.

„So, mein Schatz. Jetzt werde ich dich noch einmal über die Türschwelle tragen, wie damals an unserem

Hochzeitstag. Dieses Mal allerdings aus dem Zimmer heraus." Er schob seine kräftigen Arme unter Maria und trug sie bis zum Auto. Maria legte ihre Arme um seinen Hals. Sie genoss die unerwartete Nähe und Fürsorge.

Der Arzt entfernte problemlos die restlichen Scherben und legte Maria einen Verband an. Die Verletzung war nur oberflächlich und daher nicht ganz so schlimm. Als sie wieder in der Pension ankamen, sagte Maria zu Karl:

„Das eine sage ich dir: Nächstes Mal gehe ich lieber selbst auf Mückenjagd!"

Lassen Sie erzählen:

* Sicherlich sind Sie auch schon oft auf Mückenjagd gegangen. An welche können Sie sich erinnern?
* Fühlen Sie sich von Mücken genauso gestört wie Maria in der Geschichte oder können Sie trotz Mücken im Zimmer schlafen?
* Vielleicht ist Ihnen selbst oder einem Bekannten bei der Mückenjagd auch schon einmal ein Missgeschick passiert. Erzählen Sie davon.
* Wie würden Sie Mücken bekämpfen?

Was Sie noch tun können:

Bewegungsspiel mit der Fliegenklatsche ...

Sorgen Sie für Bewegung in der Runde. Verteilen Sie dazu Fliegenklatschen an die Zuhörer und bringen Sie zwei bis drei Luftballons ins Spiel. Nun versuchen alle gemeinsam, die Luftballons mit ihren Fliegenklatschen in Bewegung, also in der Luft, zu halten.

Ostereiersuche mit Herzklopfen

Es ist schön, Kinder zu haben. Johann und Anja hatten sich immer einen Jungen und ein Mädchen gewünscht. Dieser Wunsch hatte sich für sie erfüllt. Ihre kleine Familie war somit vollständig. Erst wurde der Junge geboren. Ein kleiner Lausbub mit blonden Haaren. Sein Name war Paul. Zwei Jahre später kam seine Schwester zur Welt. Sie nannten sie Marleen. Ganz besondere Situationen waren für die jungen Eltern solche, in denen sie die Freude ihrer Kinder an kleinen Dingen beobachten konnten. Wie sie jedes Teil in ihre kleinen Händchen nahmen, es ansahen und prüften. Es war faszinierend. Einmal musste Anja dem kleinen Paul die Hasenköttel wieder wegnehmen, die er alle vom Rasen eingesammelt hatte und gerade probieren wollte.

Außergewöhnlich schöne Ereignisse für die Familie waren auch die kirchlichen Festtage Ostern und Weihnachten. Denn in den Kindertagen glaubten Paul und Marleen noch ganz fest an den Osterhasen und das Christkind. Sie waren immer fürchterlich aufgeregt vorher, bis es dann endlich so weit war und sie den schön beleuchteten Weihnachtsbaum mit ihren Geschenken oder aber die bunten Ostereier sahen. Alle Arbeit, die Anja oder Johann zuvor mit den Vorbereitungen gehabt hatten, waren in dem Augenblick, als sie das Strahlen in den Augen ihrer Kinder sahen, vergessen.

Im Stadtpark wurde jedes Jahr eine große Ostereiersuche für die Kinder veranstaltet. Hier fuhr die Familie schon zum dritten Mal hin, weil es den Kindern Spaß machte, in dem riesig großen Park zu suchen. Für Johann und Anja war das eine gute Gelegenheit zu einem Spaziergang.

Als sie an dem sonnigen Ostersonntag in den Park gingen, war dieser schon gut besucht. Paul und Marleen begannen direkt, in den bunten Blumenbeeten nach den Eiern zu suchen.

Anja sagte zu Johann: „Wir müssen gut aufpassen, dass wir die Kinder hier nicht verlieren!"

Aber Johann beruhigte sie und meinte: „Wir sind doch dabei. Wir haben sie noch nie verloren. Also mach dir nicht immer so viele Sorgen."

Hand in Hand schlenderten sie durch den Park und folgten zufrieden ihren Kindern, die mit der Ostereiersuche beschäftigt waren. Marleen kam mit jedem Ei zu ihnen gerannt und zeigte es stolz. Als Johann und Anja gemeinsam mit Marleen ihre gesammelten Eier bestaunten, war es plötzlich passiert. Paul war verschwunden.

Sie riefen laut seinen Namen, aber keine Antwort. Hinter jedem Strauch schauten sie nach, aber er war nirgendwo zu sehen. Johann und Anja schauten alle Leute um sich herum prüfend an. Aber nichts. Wie vom Erdboden verschluckt. Sie überlegten sich, dass es wohl das Beste wäre, sich aufzuteilen. So übernahm jeder von ihnen die Suche in einem Teil des Parks. Anja hatte Herzklopfen und leichte Panik machte sich in ihr breit.

Sie hatte unvorstellbare Angst, Paul nicht wiederzufinden. Jetzt kam ihr der Park noch viel riesiger vor, als er sowieso schon war. Sie lief ans andere Ende des Parks. Dort war eine Bühne aufgebaut, auf der ein Zauberer die Kinder unterhielt. In ihrer Not kam ihr eine Idee. Sie bat den Zauberer den Namen ihres Sohnes durch sein Mikrofon zu rufen. Dieser war jedoch verärgert, weil sie seine Aufführung störte. Dafür hatte Anja kein Verständnis. Seine Vorführungen sind doch gerade für die Kinder! Da müsste ihm doch auch das Wohl der Kinder besonders am Herzen liegen.

Also startete sie einen zweiten Versuch und bat ihn: „Bitte! Ich habe meinen Sohn verloren. Rufen Sie ihn aus!“ Aber wieder versuchte er, sie loszuwerden. Anja ließ sich dadurch nicht beirren, denn sie war der festen Überzeugung, dass wenn ihr Paul in der Nähe wäre, er die Durchsage des Zauberers hören würde und zur Bühne käme. Also zog sie den Zauberer erneut am Hosenbein und schimpfte: „Wie wichtig ist Ihre Aufführung gegen ein Kinderleben? Bitte! Rufen Sie meinen Sohn aus!“

Endlich ließ sich der Zauberer erweichen. Er fragte Anja: „Wie heißt denn Ihr Kind?“ Anja antwortete, glücklich darüber, dass er nun endlich die Durchsage machte: „Er heißt Paul und ist erst fünf Jahre alt!“ Der Zauberer nahm sein Mikrofon und rief: „Paul, wenn du mich hörst, dann komm hier zur Bühne. Deine Mutter wartet hier auf dich!“ Dann setzte er seine Vorführung fort.

Die Minuten vergingen und fühlten sich an wie Stunden, ohne dass etwas passierte. Anja ließ verzweifelt ihre Schultern hängen. Da nahm der Zauberer erneut das Mikrofon zur Hand und animierte die etwa 100 Zuschauer mit ihm den vorgegebenen Text zu rufen: „Wir alle rufen jetzt zusammen den kleinen Paul. Und nun alle: ‚Paul, komm her!‘“ Plötzlich schien der ganze Park zu rufen: „Paul, komm her! Paul, komm her!“ Immer wieder ertönte die Aufforderung. Anja war so gerührt von der Hilfe, dass ihr die Tränen in die Augen stiegen. Sie war sicher, wenn er sich auf dieser Seite des Parks befinden würde, würde er den Ruf der Leute hören. Aber leider meldete sich der kleine Paul noch immer nicht. Anja bedankte sich bei dem Zauberer und setzte ihre Suche fort.

Als sie Johann wieder traf, berichtete sie ihm. Er hatte Paul auch nicht gefunden. Nun konnte er sich nur noch im nördlichen Teil des Parks aufhalten. Da wollten sie weitersuchen.

Getrennt voneinander, aber doch mit Blickkontakt, durchstreiften sie weiter den Park. Anja war kurz davor, die Polizei einzuschalten. Plötzlich blieb Johann mit

Marleen stehen. Anja lief zu ihm hinüber. „Was ist? Warum bleibst du stehen?“, fragte sie ungeduldig.

Johann lächelte. Dann zeigte er mit dem Finger auf ein großes Blumenbeet mit hohen Gräsern dazwischen. Anja traute ihren Augen kaum. Paul suchte dort in aller Ruhe nach den versteckten Ostereiern. Er lief unbekümmert um die Gräser herum. Zwischendurch blieb er stehen und betrachtete froh sein inzwischen gut gefülltes Ostereierkörbchen. Anja rannte zu ihm hin und drückte ihn erleichtert an sich.

Paul schien das gar nicht zu verstehen und meinte: „Mama, ich will weiter Ostereier suchen. Guck mal, wie viele ich schon gefunden habe!“

„Aber Paul, wir dachten, du hättest uns verloren! Hast du denn keine Angst gehabt?“

„Verloren? Ich habe euch doch gar nicht verloren!“, antwortete er und widmete sich wieder der Ostereiersuche.

Johann und Anja schauten sich erleichtert an. Es war kaum zu glauben. Die letzte halbe Stunde war ihnen, im Gegensatz zu Paul, wie eine Ewigkeit vorgekommen. Der hatte glücklich und in aller Seelenruhe in dem Blumenbeet seine Ostereier gesucht.

Lassen Sie erzählen:

* Haben Sie Kindheitserinnerungen an Ostern?
* Wie wurde Ostern früher gefeiert?
* Welche Osterbräuche gab es?
* Können Sie sich an ein besonders schönes Oster- oder Weihnachtsfest erinnern?

Was Sie noch tun können:

Geschichten erzählen ...

Animieren Sie Ihre Zuhörer dazu, sich selbst eine Geschichte auszudenken. Schildern Sie dazu folgende Situation: Stellen Sie sich vor, Sie müssten Ihrem Enkel erklären, wo der Osterhase herkommt. Ihr Enkel glaubt fest daran, dass es den Osterhasen gibt. Welche Erklärung liefern Sie ihm?

Hedwig und das geheimnisvolle Geräusch

Hedwig war mit ihren 76 Jahren noch sehr rüstig. Sie wohnte allein mit ihrer Hündin Bella in ihrem Häuschen und kümmerte sich selbst um den Garten und das Haus. Sogar etwas Gemüse baute sie noch selber an.

Ihre Nachbarin hatte schon oft zu ihr gesagt: „Mensch Hedwig, du malochst dich noch kaputt. Ist dir die ganze Arbeit nicht zu viel in deinem Alter?"

Aber davon wollte Hedwig nichts wissen. Sie antwortete darauf: „Die Arbeit hält mich jung! Ich schaffe das noch gut allein. Faulenzen kann ich noch genug, wenn ich mal alt bin." Und damit war dann auch genug gesagt.

Jeden Morgen nach dem Aufstehen machte sie Frühgymnastik. Um sich fit zu halten, wie sie immer sagte. Danach folgte ein Spaziergang, damit auch ihre Hündin Bella fit blieb. Bei ihrer morgendlichen Runde durch die Siedlung traf sie viele Leute, mit denen sie ins Gespräch kam. Vor allem die Hundebesitzer kannten sich alle untereinander. Denn sie hatten natürlich immer ein gemeinsames Gesprächsthema: die Hunde. Wo gab es das beste Futter? Wie ging es den Tieren und ihren Besitzern? Welche Neuigkeiten gab es? So kam keine Langeweile auf. Wenn Hedwig dann von ihrem Spaziergang zurück war, brauchte sie eine kleine Pause. Gemütlich las sie dann erst einmal die Tageszeitung und trank eine Tasse Kaffee dazu. So fing jeder Tag gut für sie an. Danach ging sie an die Arbeit, die in Haus und Garten auf sie wartete.

Eines Abends, es war schon dunkel geworden, stand Hedwig noch in der Küche. Sie hatte sich ein leckeres Essen gekocht und musste noch den Abwasch erledigen.

Ihre Hündin Bella schlief bereits tief und fest. Sie lag brav im Flur in ihrem Körbchen. Als Hedwig gerade eine Tasse abspülte, hielt sie plötzlich einen Moment inne. Sie hatte etwas gehört. Ein Geräusch. Aber als sie den Atem anhielt, war es wieder still im Haus.

Es war bestimmt nur der Wind, dachte sie und spülte weiter ab. Einige Minuten lang war alles wie zuvor. Doch dann hörte sie erneut etwas. Dieses Mal klang es wie ein Knarren vom Holzfußboden. Hedwig wurde mit einem Schlag ganz aufgeregt und bekam es mit der Angst zu tun. Wieder war sie leise, um genau hinzuhören. Und wieder hörte sie nichts weiter außer Stille.

Ich werde schon langsam bekloppt hier. Das ist wohl die Nebenwirkung vom Alleine-Wohnen. So ein Blödsinn. Wer sollte hier schon einbrechen? Hier ist doch nichts zu holen!, dachte sie.

Hedwig spülte weiter ihr Geschirr ab. Und je mehr sie sich einredete, dass es Blödsinn sei, dass ein Einbrecher in ihr Haus käme, desto ruhiger wurde sie wieder. Inzwischen hatte sie das Geschirr fertig gespült und begann mit dem Abtrocknen. Immer wieder horchte sie und hielt kurz inne, aber es schien alles wieder ruhig zu sein.

Ja, ja. So ist das eben, wenn man alleine wohnt. Da hört man jedes Knarren und bekommt gleich Angst, dachte sie.

Plötzlich war es wieder da, das Geräusch! Jetzt war es auch lauter gewesen als zuvor. Sie war mucksmäuschenstill. Ihr Herz pochte heftig.

Hatte sich doch ein Einbrecher in ihr Haus verirrt? Sie überlegte, was sie tun könnte. Das Telefon stand zu weit weg. Da kam sie nicht dran, ohne dem Einbrecher zu begegnen.

Warum schlug Bella bloß nicht an? Vielleicht hat der Einbrecher sie schon umgebracht? Meine arme Bella!, durchfuhr es Hedwig. Na warte, dir werde ich es zeigen! Eine alte Frau zu überfallen und einen wehrlosen, kleinen Hund zu töten! Die Rechnung hast du aber ohne mich gemacht!, dachte sie grimmig.

Einen Knüppel hatte sie nicht in der Küche liegen. Hedwig überlegte kurz, wie sie den Einbrecher kampfunfähig machen konnte.

Ein Brotmesser – nein, das gibt ja eine Sauerei, dachte sie. Ihre gusseiserne Bratpfanne erschien ihr genau richtig für den Zweck.

Hedwig versteckte sich hinter der Tür und wartete. Die Bratpfanne schon zum Schlag erhoben und fest in ihrer Hand. Das Geräusch kam jetzt näher. Sie war aufgeregt, aber voller Wut darüber, dass der Einbrecher ihrer Hündin etwas angetan hatte. Langsam schob sich die angelehnte Küchentür weiter auf. Hedwig war zum

Schlag bereit. Stück für Stück öffnete sich die Tür langsam. Und herein kam – Bella.

„Nein! Das glaube ich nicht! Bella! Du? Warum jagst du mir so einen Schrecken ein? Fast hätte ich dich mit der Bratpfanne erschlagen", rief sie erleichtert und musste nun über sich selbst lachen.

Lassen Sie erzählen:

* Können Sie sich an eine Situation erinnern, wo Sie ein Geräusch hörten und es nicht zuordnen konnten?
* Welche Erfahrungen haben Sie mit Hunden oder anderen Haustieren gemacht?

Was Sie noch tun können:

Geräusche erraten ...

Schließen Sie an die Geschichte eine heitere Raterunde an. Greifen Sie hierfür auf eine Geräusche-CD, z. B. mit Alltagsgeräuschen, zurück. Das trainiert auf spielerische Weise das Gedächtnis, die Konzentration und schult das Hörvermögen.

Ein dummes Missgeschick

Helmut fühlte sich erschöpft. Er wartete auf seinen Kurbescheid. Jeden Tag lief er dem Postboten entgegen in der Hoffnung, dass er endlich die ersehnte Post bringen würde.

„Moin, Helmut. Ich habe hier einen Brief für dich!“, rief der Postbote eines Morgens schon von Weitem.

„Das ist schön. Wenn es der richtige ist, trinken wir

morgen ein Schnäpschen zusammen", antwortete Helmut und freute sich. Er nahm den Brief entgegen und lief schnell wieder ins Haus. Es war tatsächlich sein Kurbescheid. Helmut durfte seine Kur in Wangerland an der Nordsee verbringen.

Im Frühjahr, als es draußen schon wieder wärmer wurde, trat Helmut seine Kur voller Vorfreude an. Seine ursprüngliche Erschöpfung war wie vom Wind weggeblasen. Er fühlte sich gesund und kräftig. Bereits am dritten Tag lernte er dort Bernhard kennen, der aus München kam. Sie verstanden sich auf Anhieb. Nur mit dem bayrischen Dialekt haperte es bei Helmut mächtig.
Er musste öfters mal nachfragen: „Was hast du gesagt, Bernhard? Du musst Hochdeutsch mit mir sprechen, sonst verstehe ich kein Wort!"

Bernhard antwortete dann: „Ha? Was moanst? Houchdeitsch? Jo, i daad sogn, hob i verschwitzt."

Doch so nach und nach klappte es besser mit der Verständigung. Bernhard lud Helmut sogar ein, ihn im Anschluss an die Kur in München zu besuchen.
Und das ließ sich Helmut nicht zweimal sagen.

Als Helmut gerade einmal zwei Wochen wieder zu Hause war, ging er zum Bahnhof und kaufte eine Zugfahrkarte nach München. Mit der Zugfahrt klappte alles gut. Bernhard holte ihn vom Bahnhof ab und begann direkt damit, Helmut seine Heimat zu zeigen. Tagsüber besichtigten sie die vielen Sehenswürdigkeiten von München. Und abends, wenn ihnen die Fußsohlen vom vielen Laufen brannten, gingen sie in einen der wunderschönen Biergärten und ließen es sich bei einer Maß Bier und einer Haxn gut gehen. Schnell war ihre gemeinsame Zeit wieder vorbei.

Helmut stieg schweren Herzens in den Zug ein, um die Heimfahrt anzutreten. Der Zug war so voll, dass er nur noch einen einzigen freien Platz ergattern konnte. Und der gefiel ihm gar nicht, denn er musste rückwärtsfahren. Das schlug ihm immer so auf den Magen, dass ihm davon übel wurde. Aber es gab keine Auswahl mehr, also setzte er sich hin. Er wollte etwas Schlaf nachholen. Da er aber noch einmal umsteigen musste, stellte er sich lieber seinen Reisewecker, um nicht zu verschlafen. Den Reisewecker steckte er in den Rucksack zurück.

Der Zug fuhr los und Helmuts Unbehagen nahm zu. Bereits nach wenigen Minuten hielt er es nicht mehr auf seinem Platz aus. Er stellte seinen Rucksack als Platzhalter auf den Sitz und verließ das Abteil. Vielleicht könnte er sich etwas Zeit im Speisewagen vertreiben, dachte er. Tatsächlich gab es dort noch freie Plätze. Er war erleichtert und bestellte sich eine Tasse Kaffee. Die Dame, die neben ihm am Tisch saß, sprach ihn freundlich an. Schnell kamen sie ins Gespräch. So vergingen etwa drei Stunden, bis Helmut in sein Abteil zurückkehrte.

Als er das Abteil betrat, hatte er den Eindruck, dass ihn alle Leute dort misstrauisch anblickten. Er konnte sich keinen Reim darauf machen.

„Da! Das ist er!", schrie plötzlich eine Frau und zeigte mit dem Finger auf ihn. Sie stand auf. Und alle anderen in dem Abteil auch. Die Leute waren aufgeregt.

Helmut merkte, dass die Stimmung dort sehr angespannt war. Aber was hatte er damit zu tun?

Der Schaffner stand plötzlich hinter ihm und hielt ihn am Arm fest. Dann sagte er zu den Reisenden: „Bitte! Bitte, beruhigen Sie sich. Setzen Sie sich wieder hin. Wir werden das jetzt klären!"

Helmut fühlte sich wie ein überführter Dieb und fragte: „Klären? Was sollen wir denn klären? Lassen Sie mich bitte los. Was soll das?"

Der Schaffner ließ aber nicht von ihm ab. „Zeigen Sie mir Ihren Platz!“, sagte er mit Nachdruck und blieb dicht bei ihm.

Helmut ging also vor und zeigte seinen Platz. Er nahm den Rucksack vom Sitz und stellte ihn auf den Boden, um sich wieder dorthin zu setzen. „So, hier sitze ich. Und was soll das Ganze jetzt?“, fragte er den Schaffner.

„Das Sie sich nicht schämen!“, rief eine Frau von hinten. Helmut verstand nichts.

„Was haben Sie in Ihrem Rucksack?“, fragte der Schaffner ihn. Helmut fand eigentlich, dass es die Leute nichts anging, was sich in seinem Rucksack befand. Aber aufgrund der aggressiven Stimmung gegen ihn hielt er es doch für besser, dem Schaffner zu antworten.

„Ja, was soll ich da schon drin haben? Eine Flasche Wasser, ein Kissen, ein Buch und ein Brötchen“, antwortete Helmut, nachdem er einen Moment überlegt hatte.

„Sind Sie sich sicher, dass das alles ist?“, hakte der Schaffner mit scharfem Tonfall nach.

„Ja, was denn noch? Das ist alles!“, antwortete Helmut genervt.

„Wir haben Grund zu der Annahme, dass sich in Ihrem Rucksack eine Bombe befindet“, sagte der Schaffner in ernstem Ton und blickte ihn prüfend an.

Helmuts Augen wurden immer größer. Ihm gingen plötzlich 1 000 Gedanken durch den Kopf.

„Was? In meinem Rucksack? Das ist doch Quatsch. Wie soll die denn da reingekommen sein?“, rief er vollkommen verstört. Die Leute schimpften im Hintergrund.

„Sie streiten es also ab. Bitte öffnen Sie jetzt ganz langsam, aber wirklich ganz langsam, den Rucksack!“, forderte der Schaffner ihn auf.

Helmut öffnete langsam den Reißverschluss und zog ein Teil nach dem nächsten heraus. Er hatte ganz vergessen, den Reisewecker aufzuzählen.

„Was ist das?“, fuhr der Schaffner ihn an.

„Wonach sieht es denn aus? Ich würde sagen, es ist ein Reisewecker!“, antwortete Helmut.

Der Schaffner atmete plötzlich erleichtert auf. Jetzt wurde ihm anscheinend einiges klar.

„Also“, begann er seine Erklärung. „Die Leute hier hatten große Angst. Sie sind in München in den überfüllten Zug gestiegen, haben den Rucksack auf dem letzten freien Platz im Abteil platziert und haben kurz darauf das Abteil wieder verlassen. Dann begann Ihr Rucksack, zu ticken! Alle dachten, Sie haben eine Zeitbombe dort abgestellt, die tickt. Weil Sie auch so lange Zeit nicht wiederkamen, haben Sie sich in den Augen der anderen sehr verdächtig verhalten. Wir haben schon die Polizei informiert. Aber die brauchen wir ja zum Glück jetzt nicht mehr. So ein dummes Missgeschick!", sagte der Schaffner kopfschüttelnd.

„Entschuldigen Sie bitte! Ich habe doch nur den Wecker gestellt, damit ich nicht verschlafe! Wirklich ein dummes Missgeschick. Das gebe ich zu", antwortete Helmut nun reumütig.

Lassen Sie erzählen:

* Erinnern Sie sich an ein besonderes Erlebnis während einer Zug- oder Urlaubsfahrt?
* Welche positiven Kur- bzw. Urlaubserfahrungen haben Sie gesammelt?
* Was fällt Ihnen typisch Bayrisches ein?
* Wie stellen Sie sich die Stadt München vor oder sind Sie vielleicht sogar schon einmal dort gewesen?

Was Sie noch tun können:

Ansichtskarten aus dem Urlaub ...

Reichen Sie einen Korb mit Ansichtskarten herum, aus dem jeder eine Karte ziehen darf. Lassen Sie die Zuhörer das Motiv der Postkarte beschreiben, und initiieren Sie auf diese Weise eine Gesprächsrunde über die Urlaubszeit, verschiedene Urlaubsziele und Reisemöglichkeiten.

Erinnerungen verschenken

Bald war es wieder so weit … Der Geburtstag von Annegrets Sohn Peter stand vor der Tür. Peter war schon Wochen im Voraus ganz gespannt. Jeden Morgen fragte er seine Mutter: „Mama, wie lange dauert es noch? Wie oft muss ich noch schlafen?“ Sie beantwortete geduldig jede von Peters Fragen, denn sie konnte sich noch gut an ihre eigene Kindheit erinnern.

Auch ihr war es früher so ergangen, dass sie schon Nächte vorher kein Auge mehr zugemacht hatte. Je näher der Geburtstag rückte, desto größer wurde ihre Anspannung. Auch sie fragte sich natürlich: Welche Geschenke ich wohl bekomme? Ob meine Eltern mich auch nicht vergessen haben? Welchen Kuchen meine Mutter für mich backen wird? Genauso erging es nun ihrem Sohn Peter.

Früher wurden die Geburtstage noch anders gefeiert, weniger pompös, dachte Annegret oft. Ihre Eltern hatten nicht so viel Geld und mussten sparen. Aber die Wünsche waren ja auch nicht so anspruchsvoll wie heute. Es gab ein Geschenk von den Eltern und einen Geburtstagskuchen. Und damit war man glücklich. Der Kaffeetisch wurde schön gedeckt. Und zur Feier des Tages wurde eine weiße Tischdecke aufgelegt und das gute Sonntagsporzellan hervorgeholt. Eine Geburtstagskerze stand immer neben dem Kuchen oder der Torte. Manchmal gab es auch Plätzchen oder Schaumküsse dazu. Nachmittags kamen natürlich die Großeltern und Paten zum gemeinsamen Kaffeetrinken. Und auch sie brachten immer noch ein kleines Geschenk mit. Eine schöne Erinnerung.

Na ja, das Kaffeetrinken hat sich nicht großartig verändert, aber die Wünsche der Kinder schon, dachte Annegret. Peters Wunschzettel füllte jedes Jahr ein ganzes Blatt Papier. Die Großeltern und Paten riefen vorher an, um zu fragen, was sie dem kleinen Peter wohl schenken könnten. Schließlich sollte ihr Geschenk auch gut ankommen. Von ihnen als Eltern bekam Peter ebenfalls mehrere Geschenke. Sie wollten ihrem Sohn den Tag eben so schön wie möglich machen. Am Abend vor dem Geburtstag, wenn Peter schlief, schlich Annegret in die Küche und schmückte Peters Platz am Küchentisch mit Bonbons, Luftschlangen und Kerzen. Die Geschenke legte sie ebenfalls bereits auf den Tisch. Zum Schluss hängte sie immer noch eine bunte Papiergirlande quer durch die Küche. Und ihr Mann musste bunte Luftballons aufblasen und den Raum damit schmücken.

Am Morgen seines Geburtstages wurde Peter von ihnen immer mit einem Geburtstagslied geweckt, das sie zusammen mit seinen Geschwistern sangen. Bevor Peter die Küche betrat, musste er die Augen schließen. Dann wurde er von Annegret zu seinem Platz geführt. Sobald er die Augen geöffnet hatte, begannen sie, vor Freude zu glänzen. Peter schaute sich immer alles ganz genau an und freute sich riesig darüber. Allein die geschmückte Küche und der schön dekorierte Tisch schienen ihn schon unheimlich glücklich zu machen. Auch das würde ihm sicherlich in Erinnerung bleiben.

An Peters achtem Geburtstag verkündete sein Großvater:

„Peter, du wirst nun acht Jahre alt und bist schon ein großer Junge. Ab heute bekommst du von mir keine Geschenke mehr zum Auspacken, sondern ich schenke dir Erinnerungen. Ich bin es leid, ewig in der Stadt herumzulaufen und mir den Kopf über ein Geschenk zu zerbrechen, das du sowieso bald wieder vergessen hast. Außerdem bin ich der Meinung, dass du schon sehr viele Spielsachen hast. Deshalb möchte ich dir etwas ganz Besonderes schenken, nämlich Erinnerungen."

Der Großvater machte eine Pause und Peter sah ihn mit zugekniffenen Augen an. Er konnte nicht begreifen, was er da hörte. Deshalb fragte er ungläubig:

„Ich bekomme Erinnerungen, Opa? Wie soll das denn gehen?"

Der Großvater legte seine Hand auf Peters Schulter und sah ihm dabei in die Augen. Dann erklärte er:

„Peter, du bist jetzt gerade einmal acht Jahre alt. Aber ich bin schon ein ziemlich alter Herr. Die Geschenke hast du bald vergessen. Aber ich möchte, dass du dich an mich erinnerst, wenn ich einmal nicht mehr da bin. Ich wünsche mir, dass du mit Freude an ein gemeinsames Erlebnis zurückdenkst, das wir beide zusammen hatten. Also, könntest du dir etwas vorstellen, woran wir beide Spaß hätten? Überleg mal!"

„Hmm ...", meinte Peter laut und dachte eine Zeitlang nach. Dann sagte er plötzlich wie aus der Pistole geschossen: „Ja Opa, das ist es! Ich hab's. Wir könnten zusammen angeln gehen. Das wollte ich schon immer gerne mal machen. Aber Papa geht ja nicht mit mir. Meinst du, das würde gehen?"

„Ja, Angeln ist eine schöne Idee. Ich war zum letzten Mal vor 20 Jahren angeln. Damals habe ich einen dicken Hecht gefangen. Also abgemacht?", fragte der Großvater.

„Ja, abgemacht! Am besten gehen wir gleich morgen zum Angeln. Das wäre super! Ich muss es gleich meinen Freunden erzählen. Wir könnten auch noch eine Hütte zusammen bauen oder auf das Dorffest gehen. Opa, das ist stark! Ich bin mir jetzt schon sicher, Erinnerungen sind das allerbeste Geschenk!"

Lassen Sie erzählen:

* Welcher Geburtstag ist Ihnen in besonderer Erinnerung geblieben?
* Wie wurden bei Ihnen früher die Geburtstage gefeiert?
* Welchen Geburtstagskuchen würden Sie sich wünschen?
* Wie gefällt Ihnen die Idee des Großvaters, Erinnerungen zu verschenken?
* Welche Aktivitäten hätten Sie sich an Peters Stelle von dem Großvater gewünscht?

Was Sie noch tun können:

Kuchen probieren ...

Richten Sie verschiedene Kuchenstücke auf einer Platte oder Etagere an. Lassen Sie die Zuhörer die Kuchen ansehen und schmecken. Fragen Sie nach: Welcher Kuchen sah am besten aus? Welcher Kuchen schmeckte am besten?

Friseurbesuche

„Kind, dein Haar glänzt wie Seide!", hatte ihre Mutter früher immer wieder zu ihr gesagt. Wenn es frisch gewaschen war, hatte es einen unglaublichen Glanz. Mona hatte langes, dunkelbraunes und kräftiges Haar, genauso wie ihre Mutter. Für ihre Eltern waren lange Haare ein Zeichen für Schönheit. Monas Vater sagte immer: „Kurze Haare kann jeder tragen, lange Haare nicht. Die sind eben etwas Besonderes." Selbst ihre Mutter trug noch im Alter lange Haare und frisierte diese immer zu einer eleganten Hochsteckfrisur. Ihre Haare abzuschneiden, kam für sie nicht in Frage.

Dennoch reizte es Mona als junges Mädchen, einmal eine Kurzhaarfrisur auszuprobieren. Vor allem, weil sie im Sommer unter den langen Haaren so stark schwitzte. So erzählte sie dem Friseur regelmäßig von ihrem Wunsch, einmal kurze Haare zu haben. Der Friseur aber redete es ihr immer wieder aus. Er weigerte sich förmlich, ihr die wunderschönen Haare abzuschneiden.

Eines Tages war eine Urlaubsvertretung für ihren Friseur im Salon. Mona berichtete der Friseurin von ihrem Wunsch. Und zu ihrer Überraschung war sie bereit, ihr die Haare abzuschneiden und ihr eine modische Kurzhaarfrisur zu verpassen. Es war schon ein komisches Gefühl, plötzlich kurze Haare zu haben. Mona war sich noch unsicher, ob es ihr wirklich gefiel.

Als sie nach Hause kam, rief ihre Mutter entsetzt: „Kind! Was hast du mit deinen schönen Haaren gemacht? Warum hast du sie nur abgeschnitten?“ Sie schüttelte den Kopf, hielt ihre Hand vor den Mund und konnte es einfach nicht verstehen.

„Mama, ich wollte einmal anders aussehen. Die langen Haare sehen immer gleich aus", versuchte Mona, zu erklären.

Jeder, der zu Besuch kam, sagte ungläubig zu ihr: „Mein Gott, Mona! Warum hast du deine Haare abgeschnitten? Du hattest doch so wundervoll langes Haar."

So wurde Mona langsam doch traurig über ihre kurzen Haare. Wenn ein Mädchen mit langen Haaren vor ihr lief, fragte sie sich inzwischen selbst: Warum habe ich sie nur abgeschnitten?

Es verging einige Zeit, bis die Haare ihr endlich wieder über die Schultern reichten. Und so blieb es von nun an auch.

Als Mona älter wurde, steckte sie die Haare manchmal hoch. Aber so gut wie ihre Mutter bekam sie das nicht hin. Bei ihr sah es nicht halb so elegant aus. Inzwischen kamen auch die ersten grauen Haare dazu, die zwischen den dunklen deutlich hervorstachen. Aber zum Glück gab es ja den Friseur und Haartönungen. Denn welche Frau wollte schon mit 40 Jahren grau sein? Schon bald halfen aber auch die Tönungen nicht mehr und es musste Farbe sein, um die grauen Haare abzudecken. Die Abstände zum Nachfärben wurden immer kürzer.

Eines Morgens saß Mona, wie so häufig, wieder einmal im Friseursalon. Eine neue Friseurin hatte dort angefangen. Mona erklärte ihr, dass der Ansatz nachgefärbt werden müsse und ein paar Farbakzente mit feinen, helleren Strähnchen nicht schlecht wären.

„Kein Problem, das kriege ich hin", antwortete die Friseurin und legte los.

Während Mona die Farbe auf dem Kopf hatte, kümmerte sich die Friseurin um zwei andere Kundinnen.

„Die Uhr für die Farbe brauche ich nicht zu stellen. Die Zeit habe ich so im Kopf", behauptete sie.

Mona vertraute ihr. Es blieb ihr ja auch nichts anderes übrig. Nach einer guten Stunde wusch ihr die Friseurin schließlich die Farbe aus und begann, das Haar trocken zu föhnen.

Als Mona einen Blick in den Spiegel erhaschte, riss sie schockiert ihre Augen auf: „Ich wollte nur ein paar hellere Strähnchen haben und nicht komplett blondiertes Haar!", rief sie erschrocken. Das sieht ja fürchterlich aus. Keinen Schritt setze ich mit diesen Haaren vor die Tür!"

„Ich finde, Blond steht Ihnen außerordentlich gut. Es verleiht Ihnen einen frischen Teint", versuchte die Friseurin, Mona zu überzeugen.

Doch Mona wurde nur noch ungehaltener. Die Friseurin verstand schnell, dass sie Mona nicht zu blonden

Haaren überreden konnte. So begann die ganze Färbeprozedur erneut. Wieder verging über eine Stunde.

„So, jetzt sollte es gut sein", hörte Mona die Friseurin sagen, als sie ihr das Handtuch vom Kopf nahm.

„Ach, du meine Güte!", entfuhr es der Friseurin. „Ihr Haar hat die Farbe nicht richtig angenommen!"

Monas Haare waren nun zwar dunkler, aber von einem satten Braun war es weit entfernt. Vielmehr sah Mona nun aus wie ein gold-braun gescheckter Hamster.

„Um Gottes willen!", rief Mona entsetzt und schüttelte verzweifelt den Kopf. Was machen wir denn jetzt?"

„Wir müssen noch einmal mit Braun nachfärben! Ich bin mir sicher, danach werden Sie wieder Ihre alte Haarfarbe zurückhaben", versicherte ihr die Friseurin etwas kleinlaut.

„Ich hoffe für Sie, dass Sie Recht behalten", antwortete Mona und zuckte etwas hilflos mit den Schultern.

So vergingen insgesamt fünf Stunden im Friseursalon, in denen Mona dreimal die Haare gefärbt bekam, bis sie endlich wieder gesellschaftsfähig aussah. Ihre Kopfhaut juckte inzwischen von der ganzen Farbe, doch immerhin waren die Haare zum Schluss wieder braun.

An mein Haar lasse ich nur noch den Friseur meines Vertrauens, nahm sich Mona vor. Auf böse Überraschungen konnte sie in Zukunft gut und gerne verzichten.

Lassen Sie erzählen:

* Wie haben Sie sich gefühlt, als Sie Ihr erstes graues Haar entdeckt haben?
* Gehen Sie gerne zum Friseur?
* Was lassen Sie beim Friseur machen?
* Welcher Friseurbesuch ist Ihnen in Erinnerung geblieben?
* Welche Pannen wären beim Friseur noch vorstellbar?

Was Sie noch tun können:

Gegenstände erfühlen ...

Bringen Sie zur Vorleserunde Friseurutensilien mit, die Sie auslegen, z. B. Bürsten, Lockenwickler, Haarklammern, Shampoo, Föhn usw. Fordern Sie die Zuhörer auf, die Utensilien zu betrachten, sie zu befühlen und zu beschreiben. Sie können die Gegenstände auch abdecken und sie ertasten und erraten lassen.

Moderner Quatsch

Heinz saß wieder einmal vor seinem Computer. Seitdem er eine Verbindung zum Internet hatte, war er kaum noch von dem Bildschirm wegzubekommen. Erst kürzlich hatte er den zweiten Computerkurs besucht, wo es um Möglichkeiten und Gefahren beim Surfen im Internet ging.

Angefangen hatte alles vor einem Jahr, als sein Skatbruder meinte, er solle sich vor dem modernen Fortschritt nicht verschließen und sich mit einem Computer auseinandersetzen. Schließlich habe er sich nach langem Hin und Her auch einen großen Flachbildschirm gekauft, eine neue Art von Fernseher, und sei nun begeistert davon. Aber Heinz meinte damals nur: „Computer? So einen modernen Quatsch brauche ich nicht. Ich lese lieber meine Zeitung. Da habe ich mehr davon. Außerdem frisst das keinen Strom."

Sein Skatbruder ließ aber nicht locker. Er schwärmte ihm vor, was er selbst alles mit dem Computer und dem Internet machte: „Heinz, stell dich doch nicht so an. Das Internet bietet dir so viele neue Möglichkeiten. Eine Tageszeitung kann da überhaupt nicht mehr mithalten. Im Internet kannst du gleich verschiedene Zeitungen lesen. Außerdem hast du die Möglichkeit, E-Mails zu verschicken. Das ist so etwas Ähnliches wie Briefpost. Im Internet kannst du auch deinen nächsten Urlaub buchen. Sogar Radio kannst du mithilfe des Internets hören. Und du kannst dir mit anderen zeitgleich über den Bildschirm Nachrichten schreiben und so neue Bekannte kennenlernen oder alte wiedertreffen. Du kannst umsonst bis ans Ende der Welt telefonieren oder das nächste Skatturnier für uns ausmachen. Sogar einkaufen kannst du im Internet und es dir direkt nach Hause schicken lassen. Es entgeht dir was, wenn du es nicht wenigstens ausprobierst. Glaub mir!"

Die ganze Nacht hatte Heinz nach diesem Gespräch nicht schlafen können. Immer wieder ging ihm durch den Kopf, was sein Skatbruder ihm vorgeschwärmt hatte.

Am Morgen war dann der Entschluss gefasst. Er wollte es mit dem Computer und dem Internet versuchen. Also hatte er sich zunächst zu einem Computer-Grundkurs angemeldet.

Inzwischen war ein Jahr vergangen. Heinz hatte schon den zweiten Kurs besucht und war für den dritten angemeldet. Er war fasziniert von den Möglichkeiten, die ihm das Internet bot. Es machte ihm Spaß, vor dem Computer zu sitzen und im Internet zu surfen. Sogar mehr Spaß als das Lesen seiner Tageszeitung. Außerdem brauchte man dafür nicht einmal körperlich besonders fit zu sein, denn man benötigte schließlich nur seine Hände dafür.

Seit ein paar Tagen beschäftigte sich Heinz mit dem Chatten. Das bedeutet, dass man zeitgleich mit anderen Leuten kurze Nachrichten in den Computer eintippt, die die anderen lesen und darauf antworten können. Es war eigentlich ähnlich wie beim Telefonieren, nur dass man die Nachrichten auf einer Tastatur eintippte, statt zu sprechen. Und dass man Kontakt zu mehreren Personen gleichzeitig haben konnte wie bei einem Kaffeeklatsch, bei dem verschiedene Leute sich gleichzeitig unterhalten können.

Heute Morgen traf er jedoch nur Gisela im Chatroom. Das war sozusagen der Raum, in dem das Gespräch über den Computer stattfand.

„Guten Morgen, Gisela", tippte Heinz ein.

„Moin Heinz, schon wieder online?", antwortete Gisela prompt.

„Ja. Ich muss ja schließlich kräftig üben."

„Üben? Was willst du denn üben?"

„Na, was ich so alles mit dem Internet machen kann. Ich bin noch neu auf dem Gebiet. Und du? Wie lange machst du das schon?"

„Ach, das weiß ich gar nicht mehr genau. Ich kann es mir jedenfalls nicht mehr wegdenken."

„Ich hatte früher eine Schulfreundin. Die hieß auch Gisela, so wie du."

„Wie sah sie denn aus?"

„Sie hatte rötliche Haare, wunderschöne Locken."

„Und hast du deine Schulfreundin Gisela gemocht?"

„Wenn ich sie nicht nett gefunden hätte, könnte ich mich wohl kaum noch an sie erinnern."

„Übrigens, ich kannte auch einen Heinz. Der war auch in meiner Klasse. Allerdings war der etwas eingebildet."

„Da bin ich aber froh, dass es ein anderer Heinz ist und du nicht mich damit meinst. Wie alt bist du, Gisela, wenn ich fragen darf?"

„Ich bin 69 Jahre alt. Und du?"

„Ich bin 70. Sag mal, in welcher Stadt bist du zur Schule gegangen?"

„Es war in einem kleinen Stadtteil von Hamburg. Aber die Schule gibt es dort nicht mehr."

„Was für ein Zufall! Ich habe auch eine Schule in einem Stadtteil von Hamburg besucht, die es dort mittlerweile nicht mehr gibt."

„Vielleicht waren wir ja in der gleichen Klasse und du bist doch der eingebildete Heinz?"

„Ich bin nicht eingebildet und war es auch noch nie! Sag, welche Haarfarbe hattest du früher?"

„Willst du es wirklich wissen? Sie waren rot und gelockt! Jetzt bist du baff, was?"

„Du bist es wirklich Gisela, oder? Ich kann nicht glauben, dass wir uns hier im Internet wiederfinden."

„Tja, es scheint aber so zu sein, nicht wahr? Bist du immer noch so eingebildet wie damals?"

„Liebe Gisela, ich bin nicht eingebildet. Bitte lass es mich beweisen und gehe am Sonntag mit mir einen Kaffee trinken. Dann können wir ausgiebig über die alten Zeiten plaudern."

„Also Heinz, nicht dass du denkst, ich treffe mich gleich mit jedem Mann aus dem Internet. Ich möchte schon sicher sein, dass du es auch tatsächlich bist. Wir treffen uns also dort, wo früher unsere Schule stand. Um drei Uhr, in Ordnung?“

„Ja natürlich, Gisela. Ich freue mich darauf und bin gespannt, dich wiederzusehen. Bis Sonntag, tschüss!“

„Gut, dann also bis Sonntag.“

Tatsächlich trafen sich Heinz und Gisela an dem Fleck wieder, wo früher ihre Schule gestanden hatte. Heinz fand Gisela noch immer so reizend wie damals. Und Gisela fühlte sich sehr wohl in Heinz’ Nähe. Tatsächlich fand sie ihn noch nie eingebildet, sondern immer schon sehr nett. Sie hatte nur nicht gewusst, wie sie das am besten verbergen konnte. Dank des Internets hatten sie sich nach all den Jahren wiedergefunden. Moderner Quatsch war das Internet für Heinz jetzt jedenfalls nicht mehr.

Lassen Sie erzählen:

* Was halten Sie für "modernen Quatsch"?
* Was wissen Sie über das Internet/ den Computer?
* Welche Erfahrungen haben Sie mit Computern und/oder dem Internet?

Was Sie noch tun können:

Den Computer kennenlernen ...

Falls Sie zu Hause oder in der Einrichtung einen Computer oder Laptop zur Verfügung haben, dann nutzen Sie die Möglichkeit, dieses neue Medium den Zuhörern vorzustellen. Zeigen Sie, welche Möglichkeiten man mit dem Computer hat, und lassen Sie die Zuhörer selbst daran ausprobieren.

Ein 50 Jahre alter Rock

Edeltraud öffnete vorsichtig die Backofentür und schob ihren Marmorkuchen in den Ofen. Sie liebte diese Mischung aus hellem und dunklem Teig. Die Torte für den Nachmittag stand schon fertig im Kühlschrank. Um drei Uhr würden ihre Damen vom Strickclub zum Kaffeetrinken kommen. Heute war nicht der gewöhnliche Strickabend, sondern ihr Geburtstagskaffee. Gustav, ihr Mann, half ihr beim Tischdecken, obwohl er es für Edeltrauds Empfinden nicht perfekt genug machte. Bei ihr musste wirklich alles am richtigen Platz liegen. Die Abstände zwischen den Tellern und Tassen mussten zum Beispiel an jedem Platz gleich sein. Und die Servietten hatte sie natürlich kunstvoll gefaltet und sie mussten nun schön drapiert werden. Edeltraud war gerne die perfekte Gastgeberin. Sie liebte schön gedeckte Tische mit silbernen Platztellern und mehrarmigen Kerzenleuchtern. Gustav konnte ihr zwar helfen, die Dinge auf den Tisch zu stellen, aber richtig platzieren musste Edeltraud sie doch selbst.

„Gustav, was meinst du? Was soll ich heute Nachmittag anziehen?“, fragte Edeltraud ihren Mann. Sie wusste genau, was ihm gefiel. Aber sie wollte es gerne von ihm hören.

„Das weißt du doch, meine Liebe“, antwortete er.

„Ach Gustav, nun hilf mir doch ein bisschen bei der schweren Entscheidung. Du hast doch so einen guten Geschmack. Und außerdem möchte ich dir natürlich am allerbesten gefallen“, drängte Edeltraud weiter.

„Also gut … Ich finde, du solltest einen schicken Rock mit einer feinen Strumpfhose anziehen. Du weißt ja, das gefällt mir besonders gut", meinte Gustav.

„Warum eigentlich?", wollte Edeltraud wissen.

„Ach Traudel, was du alles von mir wissen willst. Ich mag es eben, wenn du Röcke statt Hosen trägst. So wie es früher schon modern war. Röcke sehen an Frauen einfach viel schicker aus als Hosen. Und wenn du dann noch eine feine Seidenstrumpfhose dazu trägst, dann bist du die perfekte Dame. Die glänzende Strumpfhose betont in jedem Fall deine schönen Beine. Bei dem Anblick bekomme ich immer noch ganz weiche Knie."

Diese schönen Komplimente taten gut. Edeltraud fühlte sich plötzlich wieder um Jahre jünger und attraktiver. Sie kramte in ihrem Kleiderschrank nach dem passenden Rock, als ihr plötzlich ihr 50 Jahre alter Minirock in die Hände fiel. Sie hatte ihn eigentlich nur als Andenken aufbewahrt. Den Rock hatte sie zu ihrem 20. Geburtstag bekommen. In einer Zeitschrift hatte sie damals kurz zuvor von der neuen Mode, dem Minirock, gelesen. Natürlich musste sie auch sofort einen Minirock haben. Edeltraud konnte sich noch gut erinnern, wie es war, zum ersten Mal einen Minirock zu tragen. Sie fühlte sich einfach schön damit. Obwohl auch ihre Eltern den Minirock zunächst als skandalös empfanden, war er schnell zur Mode für alle Schichten der Bevölkerung geworden. Selbst das konservative britische Königshaus akzeptierte den Minirock.

Edeltraud öffnete den Reißverschluss und schlüpfte in den Rock. Er passte noch. Und das 50 Jahre später! Das war schon beinahe ein Wunder. Sie war zwischendurch auch mal fülliger gewesen. Aber nun passte ihr alter Minirock wieder.

Ganz schön verrückt, dachte sie, als sie sich vor dem Spiegel betrachtete. Schnell zog sie noch eine feine Seidenstrumpfhose, eine elegante, weiße Bluse und Schuhe mit Absatz dazu an.

Warum eigentlich nicht? Es ist doch ein passender Anlass. Wir beide haben Geburtstag! Ich werde 70 und der Minirock wird in diesem Jahr 50 Jahre alt. Da werden meine Damen Augen machen, sagte sich Edeltraud und entschied sich, ihre Gäste im Minirock zu empfangen.

„Edeltraud!", stieß Gustav überrascht hervor, als er sie sah. Er betrachtete sie von oben bis unten, ging einmal um sie herum und nickte anerkennend. „Du siehst umwerfend aus." Dann strich er mit seiner Hand vorsichtig über ihren Rock, lächelte freudig und zwinkerte ihr zu.

Kurze Zeit später klingelte es an der Haustür. Edeltraud öffnete die Tür und bat ihre Gäste herein. Sie konnte die Überraschung über ihren ungewöhnlichen Aufzug in deren Gesichtern ablesen. Ihre Strickdamen gratulierten und drückten sie herzlich. Anneliese hielt ihre Hand noch fest und musterte sie. Dann sagte sie mit einem Lachen im Gesicht: „Edeltraud, ich muss schon sagen, du siehst wirklich toll aus. Meine Anerkennung. Wie alt wirst du noch mal?"

„Nun setzt euch doch erst einmal hin. Es hat schließlich einen Grund, dass ich euch heute so empfange", sagte Edeltraud. Sie stellte den Kuchen auf den Tisch und schenkte Kaffee ein. Als alle Damen ihren Platz gefunden hatten, erklärte sie:

„Natürlich weiß ich, dass ich heute 70 Jahre alt werde, und, dass das eigentlich kein Alter mehr für einen Minirock ist. Aber ich wollte euch damit überraschen. Und das scheint mir ja auch gelungen zu sein. In diesem Jahr ist nicht nur für mich ein besonderer Geburtstag, sondern auch für den Minirock. Er wird nämlich 50 Jahre alt. Und diesen Rock, den ich hier trage, habe ich zu meinem 20. Geburtstag bekommen. Das war 1962. Ich hatte ihn aufbewahrt, weil ich damals so stolz darauf war. Es ist also heute gleich ein doppelter Geburtstag, den wir feiern.

Deshalb trage ich heute diesen 50 Jahre alten Minirock!"

Die Damen waren begeistert und redeten wild durcheinander:

„Das ist unglaublich. Der Minirock wird schon 50 Jahre alt. Ich erinnere mich, als wäre es erst gestern gewesen. Das waren noch Zeiten, herrlich."

„Und du hast ihn aufbewahrt, deinen ersten Minirock! Das ist wirklich schön!"

„Ja und heute zum 70. trägst du einen 50 Jahre alten Rock! Das ist eine wunderbare Idee."

Lassen Sie erzählen:

* Welche Erinnerungen haben Sie an den Minirock und an Seidenstrümpfe?
* Welche Mode ist Ihnen besonders in Erinnerung geblieben und warum?
* Was ist Ihr liebstes Kleidungsstück?
* Wie unterscheidet sich die Mode von damals von der Mode heute?

Was Sie noch tun können:

Stoffe fühlen ...

Verteilen Sie an die Zuhörer Seidenstrümpfe. Diese sollen sich die Strümpfe über den Arm ziehen und darüber streichen: Wie fühlt sich der Seidenstrumpf an? Alternativ können Sie auch auf verschiedene Stoffstücke, wie z. B. Cord-, Samt- oder Seidenstoff, zum Fühlen und Ertasten zurückgreifen.

Gefährliche Spazierfahrt

Hans und Johanna gingen langsam zu ihrer Garage. Die Sonne schien. Es war ein wunderschöner Sommertag. Genau das richtige Wetter für eine Spazierfahrt. Seinen alten Mercedes pflegte Hans mit großer Liebe und Sorgfalt. Er öffnete das Garagentor. Als er seinen Wagen erblickte, freute er sich. „Heute werden wir dich ausführen, mein Guter!", sagte er und grinste dabei.

Den Kindern gefiel es gar nicht, dass ihr Vater in seinem Alter noch immer mit dem Auto fuhr. Sie fanden es zu gefährlich und sorgten sich. Aber Hans war da sehr uneinsichtig: „Ich fahre die letzten 30 Jahre schon unfallfrei. Solange das so bleibt, werde ich auch weiter mit dem Auto fahren. Es gibt keinen Grund, mein Auto stehen zu lassen."

„Aber Vater, wir können euch doch fahren, wenn ihr irgendwohin möchtet", entgegnete die Tochter dann immer.

„Das wäre ja noch schöner! Ich bin zwar alt, aber noch lange nicht zu tattrig zum Autofahren", meinte er. Und damit war das Thema beendet.

Hans und Johanna stiegen ins Auto. Behutsam setzte Hans den Wagen aus der Garage auf die Straße. Langsam fuhr er Richtung Innenstadt los. Den sportlichen Fahrstil von früher hatte er schon lange abgelegt. Schließlich wollten sie unterwegs etwas sehen. Sie genossen es, bei dem schönen Wetter durch die Stadt zu fahren und das alltägliche Treiben zu beobachten: Studenten, die mit dem Fahrrad zur Universität fuhren,

Mütter, die ihre Babys im Kinderwagen schoben, Müllmänner, die die Mülltonnen leerten, oder Postboten, die die Post verteilten.

„Pass auf, die Ampel ist rot!“, mahnte Johanna Hans plötzlich.

„Ja, ja, das sehe ich doch!“, meinte er und bremste stark. Der Wagen ruckelte.

„Was war das?“, fragte Johanna.

„Was meinst du? Ich habe etwas stärker gebremst, mehr nicht“, antwortete Hans. Die Ampel wurde grün, doch der Wagen vor ihnen blieb stehen. Hans setzte den Blinker und fuhr links an ihm vorbei. Diesen Stadtverkehr mit den vielen Autos und Radfahrern empfand er manchmal schon als anstrengend. Es dauerte nicht lange, da kam die nächste Ampel und zeigte ebenfalls Rot. Wieder hatte Johanna das Gefühl, eingreifen zu müssen.

„Rooot! Hans, pass doch auf!“, rief sie.

Hans hatte die rote Ampel tatsächlich erst spät bemerkt. Er trat die Bremse bis zum Anschlag durch. Der Wagen bremste, ruckelte und stand schließlich.

„Hans, du musst besser aufpassen, sonst bauen wir noch einen Unfall!“, rief Johanna. „Und was war das denn schon wieder für ein Ruckeln?“

„Das kommt vom Bremsen!“, antwortete Hans.

Aber das hat der Wagen doch sonst nicht gehabt. Vielleicht muss das Auto mal in die Werkstatt."

„So ein Quatsch! An meinem Mercedes hat alles seine Richtigkeit, auch die Bremsen." Damit war für Hans das Thema ausreichend besprochen. Die Ampel zeigte wieder Grün. Doch wieder blieb der Wagen vor ihnen stehen. Diesmal stieg der Fahrer sogar aus.

„Was macht der denn jetzt? Warum fährt er nicht weiter?", wunderte sich Hans. Er setzte den Blinker und fuhr links vorbei. Im Rückspiegel konnte er sehen, dass der Mann wild mit seinen Armen gestikulierte. Hans setzte seine Fahrt in aller Ruhe fort.

„Johanna, hast du das gesehen? Der Fahrer des Autos vor uns an der Ampel steht schimpfend auf der Straße. Solche gestressten Leute sollten ihren Wagen lieber stehen lassen. Die sind eine Gefahr und nicht wir!"

Sie fuhren stadtauswärts.

„Ja, die jungen Leute heutzutage sind alle so angespannt. Das war früher anders", meinte Johanna.

„Ich kann mich nicht erinnern, dass wir früher so hippelig waren. Aber vielleicht haben wir es mit den Jahren auch einfach nur vergessen." Sie schwiegen und dachten darüber nach, während sie zwischen den Feldern entlangfuhren.

„Wie schön das hier im Grünen ist. Diese saftigen Wiesen und überall stehen die Felder schon im Korn“, schwärmte Johanna.

„Ja, da hast du Recht. So eine Spazierfahrt ist doch etwas Feines. Aber das haben wir mitunter auch meinem Mercedes zu verdanken, der noch so gut in Schuss ist. Genau wie wir“, sagte Hans und beide begannen, zu lachen.

Im Rückspiegel sah Hans, wie sich ein Polizeiauto näherte. Es fuhr eine Zeitlang hinter ihnen her.

„Hinter uns ist ein Polizeiauto. Ich frage mich, wo die hinwollen. Haben die denn nichts Besseres zu tun, als hinter uns herzufahren?“, fragte Hans. Er fühlte sich etwas unwohl mit der Polizei im Nacken. So in Gedanken versunken, sah er plötzlich das Blaulicht. Das Polizeiauto überholte sie, scherte vor ihnen wieder ein, bis sie stehen blieben. Ein Polizist stieg aus und kam zu seinem Fenster. Hans drehte die Scheibe herunter. Bevor er etwas sagen konnte, ergriff der Polizist bereits das Wort:

„Wir versuchen schon seit längerer Zeit, sie anzuhalten. Haben Sie das nicht bemerkt?“

„Ich habe Sie wohl gesehen, aber dass Sie uns anhalten wollten, das konnte ich ja nicht wissen. Warum überhaupt? Haben wir etwas verbrochen?“, fragte Hans ahnungslos.

„Ja, so könnte man das auch sagen. Sie haben in der Stadt zwei Unfälle verursacht und sind einfach weitergefahren, ohne sich darum zu kümmern", klärte der Polizist ihn auf.

„Ich soll zwei Unfälle verursacht haben? Das ist wohl ein Witz? Wo sollen die denn passiert sein?", meinte Hans verärgert über diesen Vorwurf.

„Sie haben an den letzten beiden Ampeln in der Stadt zu spät gebremst und sind jeweils leicht auf ihren Vordermann aufgefahren. Es ist zwar niemand verletzt worden, aber so geht das natürlich nicht!"

Jetzt ahnte Hans, warum sein Wagen beim Bremsen vor den Ampeln so geruckelt hatte. Ihm wurde ganz heiß vor Aufregung. Das hatte er wirklich nicht bemerkt.

Johanna war inzwischen ausgestiegen und hatte sich an den anderen Polizisten gewandt. Sie legte ihre Hand auf seinen Arm: „Ach bitte, nehmen Sie meinem Mann nicht den Führerschein weg. Wir kommen doch sonst nirgendwo mehr hin", flehte Johanna den Polizisten an. Der Polizist zeigte sich verständnisvoll und meinte:

„Wissen Sie was? Wir bringen Sie jetzt erst mal nach Hause. Da ruhen Sie sich beide etwas aus. Später schauen wir dann noch einmal bei Ihnen vorbei und besprechen die ganze Angelegenheit in Ruhe."

So wurde es gemacht. Die Polizei brachte sie nach Hause. So hatten Hans und Johanna etwas Zeit, um über den Vorfall nachzudenken. Nach einigen Überlegungen sagte Hans schließlich schweren Herzens:

„Weißt du, Johanna, es fällt mir nicht leicht. Aber ich werde meinen Führerschein freiwillig abgeben. Die Kinder haben Recht. Es ist wirklich zu gefährlich. Heute an den Ampeln habe ich einfach nicht gemerkt, dass ich die Autos leicht angestoßen habe. Ich habe den Abstand falsch eingeschätzt. Was, wenn dort ein Kind gestanden hätte? Vielleicht musste das erst passieren, damit ich wachgerüttelt werde. Ich alter Sturkopf", schimpfte Hans mit sich selbst.

„Mit dem Sturkopf hast du natürlich Recht. Alles andere ist doch gar nicht so schlimm. Wir können uns ja wirklich von den Kindern fahren lassen. Deine Entscheidung ist richtig!", erwiderte Johanna, die stolz auf die weise Entscheidung ihres Mannes war.

Lassen Sie erzählen:

* Besitzen Sie einen Führerschein?
* Bei welchen Gelegenheiten sind Sie mit dem Auto gefahren?
* Sind Sie gerne Auto gefahren?
* Welche Autos sind Sie in Ihrem Leben schon gefahren?

Was Sie noch tun können:

Die Reaktion trainieren ...

Beim Autofahren ist eine gute Reaktion gefragt. Testen Sie die Reaktionsfähigkeit Ihrer Zuhörer. Setzen Sie sich hierfür alle an einen Tisch. Ziehen Sie langsam, dann zunehmend schneller, einen Wollfaden über den Tisch. Die Zuhörer versuchen, mit der Hand auf das Ende des Fadens zu schlagen. Gelingt es ihnen, den Faden zu treffen?

Sie können auch eine Murmel langsam über den Tisch rollen, während die Zuhörer versuchen, diese aufzufangen.

Oskar, der Filmvorführer

Der Griff am Schrank hatte sich mit den Jahren gelockert. Oskar wollte ihn wieder festschrauben. Er entschied sich dann aber schließlich doch, einen neuen Griff zu besorgen. Der alte war einfach schon zu sehr abgegriffen. Er zog seine Schuhe und seine Jacke an und machte sich auf den Weg zum nahe gelegenen Baumarkt. Seine Wohnung in Baumarktnähe war das Beste, was ihm passieren konnte. Beinahe täglich fiel ihm irgendetwas ein, wonach er mal eben dort schauen könnte. Eine wunderbare Beschäftigung, fand er, und vor allem so praktisch.

Als er nach dem Regal mit den Schrankgriffen Ausschau hielt, klopfte ihm plötzlich jemand von hinten auf die Schulter.

„Guten Tag, Oskar. Du hier im Baumarkt? Mensch, wir haben uns ja lange nicht mehr gesehen. Wie geht es dir?", fragte Richard, ein ehemaliger Arbeitskollege.

„Richard, das ist eine Überraschung! Ich bin oft hier im Baumarkt. Ich wohne gleich um die Ecke. Und es fehlt ja auch immer irgendetwas, das man besorgen muss. Ansonsten habe ich ja nicht mehr so viel zu tun, seitdem ich in Rente bin. Und du?", antwortete Oskar.

„Ich habe eigentlich immer etwas zu tun. Ich bin so eine Art Hausmeister", erklärte Richard.

„Wieso Hausmeister? Bist du nicht auch in Rente?", fragte Oskar verwundert.

„Es gibt hier in der Stadt eine Gruppe von Ehrenamtlichen, in der ich mich engagiere. Jeder von uns hat seine Interessen und Begabungen. Damit stehen wir anderen Menschen zur Seite, die sich selbst nicht helfen oder teure Monteure nicht bezahlen können. Auf diese Weise habe ich eine sinnvolle Aufgabe und muss meinen Tag nicht mehr nach dem Fernsehprogramm planen. Das ist ein gutes Gefühl", erläutert Richard seine Tätigkeit.

„Ehrenamtlich? Das heißt, du machst das umsonst?", hakte Oskar nach.

„Das kann man so nicht sagen. Ich bekomme zwar kein Geld – außer für das Material natürlich, das benötigt wird – aber dafür bekomme ich die Dankbarkeit der Leute. Manchmal gibt es auch eine Tasse Kaffee und ein Stück Kuchen oder ein gemeinsames Bier. Das ist viel mehr wert, weißt du. Das Geld brauchen wir doch gar nicht mehr. Wir kommen doch auch so ganz gut aus. Aber die Gesellschaft dieser lieben Menschen, gibt mir viel mehr als ein paar Mark."

Oskar ließ sich Richards Worte durch den Kopf gehen. Wenn er ehrlich war, fehlte auch ihm eine sinnvolle Aufgabe. Er richtete seinen Tagesablauf nach dem Fernsehprogramm und nach den Öffnungszeiten des Baumarktes aus.

„Oskar, hättest du nicht Lust, dich uns anzuschließen? Ich hätte auch schon eine schöne Aufgabe für dich. Wie wäre es?", unterbrach Richard Oskars Gedanken.

„Eine Aufgabe? An was denkst du da?", fragte Oskar noch etwas skeptisch.

„Für das Seniorenkino brauchen wir noch einen ehrenamtlichen Filmvorführer. Wäre das nichts für dich?"

Einen Filmvorführer? In einem richtigen Kino? Oskar überlegte und malte es sich schon gedanklich aus.

„Ja, ich muss sagen, das klingt wirklich verlockend. Ich könnte es ja mal probieren", antwortete er schließlich.

„Also abgemacht?", hakte Richard nach.

„Ja, abgemacht!", antwortete Oskar fest entschlossen.

Damit war die Sache entschieden.

Oskar nahm mit dem Kino Kontakt auf und ließ sich in seine neue Aufgabe einweisen. Das Seniorenkino wurde ab sofort in der Stadt bekannt gemacht. Bei der älteren Bevölkerung stieß es auf großes Interesse. Bei der Entscheidung, welche Filme im Seniorenkino gezeigt werden sollten, durfte Oskar sogar mitsprechen.

Oskar war sehr gespannt auf seinen ersten Arbeitstag im Kino. Hierfür wollte er sich auch besonders stilvoll kleiden. In schwarzem Anzug und weißem Hemd mit Fliege trat er seinen Dienst an. Am Eingang begrüßte er persönlich alle Besucher des Seniorenkinos. Oskar war überrascht, wie viele es waren. Er spürte die Blicke der freundlichen Damen und genoss sie.

Mit der Filmvorführung klappte alles hervorragend. Die Leute waren begeistert. Oskar ließ es sich nicht nehmen, die Kinobesucher auch am Ausgang wieder zu verabschieden. Er verspürte regelrecht ein Glücksgefühl, denn die Menschen lachten, waren fröhlich und ausgelassen. Das war ansteckend. Eine Frau gab ihm die Hand, sah ihm freundlich in die Augen und sagte:

„Dankeschön. Es war ein wundervoller Nachmittag. Ich habe lange nicht mehr so gelacht wie bei diesem Film. Das nächste Mal bin ich bestimmt wieder dabei."

„Ich bitte darum, gnädige Frau", antwortete Oskar gerührt, verbeugte sich leicht und hauchte ihr einen Kuss auf die Hand.

Eine zarte Röte stieg in das Gesicht der Dame. Verlegen zog sie schnell wieder ihre Hand zurück und ging. Oskar schaute ihr hinterher. Nach einigen Metern blieb sie stehen und drehte sich noch einmal um:

„Übrigens, ich heiße Mathilde!", rief sie ihm zu.

Oskar legte seinen Kopf auf die Seite, zwinkerte ihr zu und antwortete: „Sehr angenehm, ich bin Oskar! Ich hoffe, wir sehen uns bald einmal wieder!" Oskar war wie verzaubert von Mathilde. Sie sah ihn lächelnd an.

„Das hoffe ich. Bis zum nächsten Mal, Oskar."

„Auf Wiedersehen, Mathilde!" Glücklich blickte Oskar ihr hinterher, bis sie seinen Blicken entschwand.

Seine ehrenamtliche Tätigkeit war wirklich etwas Besonderes. Und er war sich schon jetzt ganz sicher, dass er sie freiwillig nicht wieder hergeben würde. Solange es nur ging, wollte er „Oskar, der Filmvorführer" bleiben.

Lassen Sie erzählen:

* An welche Filmstars von früher erinnern Sie sich?
* Was ist Ihr Lieblingsfilm?
* Welche Filme finden Sie lustig?
* Gehen Sie gerne ins Kino?

Was Sie noch tun können:

Filmnachmittag …

Sammeln Sie mit den Zuhörern deren Lieblingsfilme und erstellen eine Filmliste. Schauen Sie sich diese Filme bei Gelegenheit im Rahmen eines Seniorenkinos an. Organisieren Sie für diese Veranstaltung auch Getränke und Popcorn.

Landkarten sterben aus

Schicke Autos ließen das Herz von Walter höher schlagen. Auch die Ausstattung, die teure Autos besaßen, fand er beeindruckend. Früher, wenn er mit Luise in den Urlaub fahren wollte, wälzte er schon Tage vorher die Landkarten. Er überlegte stundenlang, welche Strecke die beste wäre. Ganz besonders, wenn weite Urlaubsstrecken, wie nach Italien, Griechenland oder Kroatien, zurückzulegen waren.

„Heute gibt es Navigationsgeräte. Die Landkarten in Papierform sterben aus", erklärte Walter Luise regelmäßig, sobald sich die Gelegenheit ergab. „Ein Auto ohne Navigationsgerät ist nicht mehr zeitgemäß."

Doch ganz so modern war ihr Auto noch nicht ausgestattet.

„So einen Blödsinn braucht man doch nicht, Walter. Wir sind doch bis jetzt mithilfe der Landkarte noch immer überall angekommen, oder nicht?", entgegnete Luise ihm dann.

„Angekommen, ja. Aber vielleicht hätten wir das eine oder das andere Mal bessere Strecken mithilfe des Navigationsgeräts gefunden. Und du hättest nicht stundenlang die Karte auf den Beinen liegen gehabt. Statt ewig mit der Nase in der Karte zu kleben, hättest du die schöne Landschaft genießen können, während ich fahre", versuchte Walter weiter, Luise zu überzeugen.

„Ich habe gar nicht die ganze Zeit mit der Nase in der Karte geklebt, wie du das so schön formulierst. Ich habe die Landschaft sehr wohl genießen können", antwortete Luise schlagfertig. Tatsächlich hatte Walter sie schon längst überzeugt. Nur wollte Luise es ihm nicht verraten. Sie wusste, ein Navigationsgerät wäre das perfekte Geschenk für Walter. Das sollte ihre Geburtstagsüberraschung werden. Damit würde er niemals rechnen, denn

Luise spielte ihm ja stets den Navi-Gegner vor. Und Walter glaubte es. Manchmal tat er ihr schon beinahe etwas leid und sie war nahe daran, ihre Überraschung zu verraten. Aber bis jetzt war es ihr noch immer gelungen, es doch für sich zu behalten.

Luise ging in ein Fachgeschäft, um sich beraten zu lassen. Es dauerte nicht lange, bis sie sich entschieden hatte. Sie nahm das erstandene Navigationsgerät mit nach Hause und versteckte es. Schließlich sollte Walter es vorher auf keinen Fall sehen.

Als Walter an einem Abend beim Skatspielen war, kam Luise ein Gedanke:

Was, wenn das Gerät nun nicht funktionierte? Das wäre eine riesige Enttäuschung.

Ich muss es vorher ausprobieren, dachte sich Luise. Sie nahm das Navigationsgerät aus dem Versteck und ging damit zum Auto. Der Stecker muss bei laufendem Motor in den Zigarettenanzünder und das grüne Lämpchen muss leuchten, hatte sich Luise gemerkt. So machte sie es und fuhr los. Der Bildschirm zeigte die Karte mit ihrer Straße an. Das schien also zu funktionieren. Aber was war mit dem grünen Lämpchen? Es leuchtete nicht. Luise dachte, sie hätte den runden Stecker vielleicht falsch herum eingesteckt. Also drehte sie ihn. Aber das Lämpchen leuchtete noch immer nicht. Luise drehte den Stecker wieder zurück, aber nichts tat sich. Sie hielt an und zog den Stecker ganz raus.

„Oh nein, das darf nicht wahr sein! Was ist das denn jetzt?“, rief sie entsetzt und starrte den Stecker in der Hand haltend an. Es fehlte ein Stück! Der Rest des Steckers steckte noch im Zigarettenanzünder. Luise versuchte, das Reststück herauszubekommen, aber bekam es nicht hin. In ihrer Verzweiflung fiel ihr ein alter Bekannter ein, der Werkzeug besaß und ihr vielleicht helfen könnte.

Sie fuhr hin. Aber auch ihr Bekannter bekam das Steckerteil nicht aus dem Zigarettenanzünder heraus. Es saß bombenfest und bewegte sich kein Stück.

„Da hast du ja wirklich ganze Arbeit geleistet. Frauen und Technik, typisch!“, meinte ihr Bekannter kopfschüttelnd. „Dabei kann man beim Einstecken eines Navigationsgeräts eigentlich gar keine Fehler machen! Ich verstehe das nicht! Am besten fährst du zu einer Werkstatt, bevor Walter etwas merkt.“

Schnell machte Luise sich auf den Weg zur Werkstatt. Sie schämte sich etwas, als sie dem Werkstattleiter ihr Missgeschick erklären musste. Doch dieser war sehr hilfsbereit.

„So etwas habe ich ja noch nie gesehen! Wie haben Sie das denn hingekriegt?“, meinte der Werkstattleiter laut lachend, bevor er endlich sein Werkzeug holte. Nachdem die erste Zange zu groß war, holte er die zweite hervor, die das fehlende Steckerstück schnell wieder zum Vorschein brachte. Sogar den Stecker selbst reparierte er ihr, sodass er wieder funktionierte. Zum Schluss schloss er Luise das Navigationsgerät noch richtig an.

„So, meine Liebe. Jetzt fassen Sie den Stecker bitte nicht mehr an. Nun funktioniert alles“, sagte er freundlich und gab ihr den Autoschlüssel zurück.

Luise war glücklich. Sie bedankte sich und machte sich auf den Nachhauseweg. Unterwegs musste sie über sich selbst lachen.

Als Walter zum Geburtstag sein Geschenk auspackte und das Navigationsgerät erkannte, sprang er von seinem Stuhl hoch, packte Luise und hob sie hoch. Er drehte sich mit ihr und rief:

„Luise, Luise. Da hast du mich aber überrascht! Ich dachte, du wolltest absolut kein Navigationsgerät?“ Er freute sich so sehr darüber, dass er Tränen in den Augen hatte.

„Ach Walter, weißt du das denn nicht? Landkarten sterben aus!“

Lassen Sie erzählen:

* Schicke Autos lassen das Herz von Walter höher schlagen. Was lässt Ihr Herz höher schlagen?
* Welche Autos gefallen Ihnen?
* Welche Erfahrungen haben Sie mit Landkarten gemacht?
* Welches war das beste Geschenk, das Sie sich bisher für jemanden ausgedacht haben?

Was Sie noch tun können:

Stadt-Land-Fluss ...

Spielen Sie mit Ihren Zuhörern eine abgewandelte Form von "Stadt-Land-Fluss". Nennen Sie einen Buchstaben Ihrer Wahl und lassen Sie die Teilnehmer Städte, Länder und Flüsse aufzählen und auf einer Landkarte suchen.

Was könnte schöner sein …

Ingeborg trat ihren ersten Arbeitstag in der Bank an, etwas unsicher, was sie dort erwarten würde. Schnell waren ihre Ängste ausgeräumt. Ihre Arbeitskollegen nahmen sie nett auf und sie arbeitete sich zügig in die verschiedenen Aufgabenbereiche ein. Nur wenn sie ihren Arbeitskollegen Volker sah, wurde sie unsicher und es kribbelte in ihrem Bauch. Sie war gerne in seiner Nähe. Er machte Späße, alberte mit ihr herum und lud sie zum Eisessen ein. Beide freuten sich auf die gemeinsame Arbeitszeit, denn Volker hatte sich auf den ersten Blick in Ingeborg verliebt. Sie trafen sich immer häufiger, auch außerhalb der Bank, und wurden schnell ein Paar. Und obwohl sie sich nun ständig sahen, verstanden sie sich großartig und genossen jede gemeinsame Minute. Anfangs hatten sie Bedenken, dass es dem Chef nicht gefallen könnte. Doch er freute sich mit ihnen und meinte: „Solange die Arbeit nicht darunter leidet, könnt ihr machen, was ihr wollt!"

Häufig fuhren sie mit dem Auto spazieren. Sie unterhielten sich dabei über alles Mögliche. Nur wenn ihnen ein Opel Kadett C Coupé entgegenkam, war das Gespräch abrupt beendet. Volkers Augen klebten dann förmlich an diesem Auto. Er schwärmte in den höchsten Tönen: „Hast du das gesehen? Das war ein Opel Kadett C Coupé! Davon gibt es nicht mehr so viele. Es sind Liebhaberautos und es gibt sogar richtige Fanclubs. Ach, wie gerne würde ich so ein Auto mal selbst restaurieren."

Bemerkte Ingeborg den Kadett nicht, dann war Volker beinahe beleidigt und schimpfte: „Hast du denn nicht den Kadett gesehen? Der fuhr doch gerade an uns vorbei!" oder „Mein Gott, du verstehst das nicht! Das ist ein Opel Kadett C Coupé! Ein ganz besonderes Auto. Was könnte schöner sein?" Wie oft hatte sich Ingeborg das schon anhören müssen.

Eines Tages kam ein Kunde in die Bank und bat um einen Kredit. Ingeborg hatte das mitbekommen. Es war an sich nichts Besonderes, wenn nicht draußen vor der Bank ein Opel Kadett C Coupé geparkt hätte. Nachdem das eigentliche Beratungsgespräch mit dem Kollegen beendet war, nahm Ingeborg den Kunden noch einmal mit in ein Beratungszimmer.

„Eine Frage: Ist das Ihr Opel Kadett C Coupé, der vor der Bank parkt?"

„Ja, warum?", antwortete der Kunde und verstand nicht, was das nun zu bedeuten hatte.

„Nun, Sie benötigen Geld und ich könnte Ihr Auto gut gebrauchen. Wollen Sie es mir verkaufen? Über den Preis würden wir uns sicherlich einig werden", erklärte Ingeborg.

Zu ihrer Freude war der Kunde tatsächlich einverstanden. Er hatte selbst schon darüber nachgedacht, sein Auto zu verkaufen. Schnell hatten sie einen Kaufpreis ausgehandelt und den Kauf abgeschlossen.

Ingeborg stellte den Wagen bei einem Freund unter, damit Volker nichts merkte. Denn das sollte schließlich eine ganz besondere Überraschung für ihn werden – wenn auch eine teure. Aber das war ihr in dem Moment egal, denn sie wusste nur zu gut, wie sehr Volker sich darüber freuen würde. Und sie freute sich jetzt schon mit ihm. Am nächsten Tag hatte er nämlich Geburtstag. Mithilfe ihres Freundes wickelte Ingeborg eine riesige Geschenkschleife wie bei einem Päckchen um das ganze Auto. Es sah toll aus: Ein blauer Opel Kadett C Coupé mit einer roten Schleife!

Volker wohnte in einem Haus mit großem Grundstück direkt an der Ems. Der Geburtstagskaffee fand auf der Terrasse im Garten statt. Ingeborg fuhr mit dem Auto durch die Stadt und zwischen Wiesen und Feldern her, bis sie endlich bei Volker angekommen war. Mit dem Opel Kadett C Coupé fuhr sie langsam vor das Haus. Auf der Straße, direkt vor dem Garten, parkte sie den Kadett. Volker war gerade mit seiner Familie beim Kaffeetrinken. Als er das Auto sah, stand er langsam auf, wie in Trance. Er schaute auf das Auto und ging langsam und ungläubig zur Straße, gefolgt von seiner ebenfalls überraschten Familie. Sogar als Ingeborg aus dem Wagen ausstieg, begriff er noch immer nicht. Sie überreichte ihm den Autoschlüssel und sagte: „Alles Liebe zum Geburtstag! Hier, mein Geschenk – nun erfüll dir deinen Traum!"

Volker nahm den Schlüssel und konnte seinen Blick nicht mehr von dem Auto abwenden.

„Du hast ihn für mich gekauft?", fragte Volker.

„Ja", antwortete Ingeborg. „Es ist jetzt deiner!"

Volker konnte es nicht fassen. Er sprang in die Luft und rief: „Ein C Coupé! Mein C Coupé! Ja!" Mit einem breiten Grinsen im Gesicht lief er prüfend um das Auto herum. Und seine Brüder und sein Vater waren beinahe genauso begeistert wie er.

„Schnell, fahr ihn in die Garage, damit wir drunterschauen können!", rief sein Bruder aufgeregt.

Volker sah in Ingeborgs Augen. Er nahm sie in den Arm, küsste sie zärtlich und meinte: „Was könnte schöner sein? – Danke Liebling! Aber jetzt muss der C Coupé erst mal in die Garage."

Lassen Sie erzählen:

* Wie gefällt Ihnen ein Opel Kadett C Coupé?
* Wie gefällt Ihnen die Idee von Ingeborg, ein Auto zu verschenken?
* Welches Auto gefällt Ihnen am besten?
* Was war das schönste Geschenk, das Sie je bekommen haben?

Was Sie noch tun können:

Automagazine mit Oldtimern ansehen ...

Schauen Sie sich gemeinsam mit Ihren Zuhörern Autobildbände, Autozeitungen oder -magazine an. Welches Auto ist bekannt? Welches Auto gefällt den Zuhörern am besten? Welches Auto weckt Erinnerungen?

Ein moderner Haushalt

Linda saß mit ihrer Mutter am Küchentisch. Vor ihnen stand eine Kaffeekanne mit frisch aufgebrühtem Kaffee und Gebäck. Jeden Freitag, bevor Linda von ihrer Arbeit ins Wochenende ging, fuhr sie noch eben bei ihren Eltern vorbei, um nach dem Rechten zu sehen. Linda war eine moderne und im Beruf erfolgreiche Frau. Wie schon so oft versuchte sie, ihre Mutter von den Vorteilen eines modernen Haushalts zu überzeugen.

„Mama, du solltest dir endlich eine Spülmaschine anschaffen. Jeder Haushalt hat heutzutage eine Spülmaschine."

„Ich brauche keine Spülmaschine, Linda. Das bisschen Geschirr ist doch schnell abgewaschen."

„Das mag ja sein, aber du würdest sehr viel Zeit sparen, in der du einmal an dich denken könntest, statt ewig nur im Haushalt zu schuften."

„Der Haushalt ist mein Beruf, so wie du Abteilungsleiterin in deiner Firma bist."

„Auch da hast du natürlich Recht, nur mit dem Unterschied, dass ich feste Arbeitszeiten habe und nicht zu jeder Zeit paratstehen muss."

„Aber es macht mir doch auch Freude, für meine Enkelkinder und meinen Mann zu sorgen. Da kann ich mich doch nicht auf Arbeitszeiten berufen."

„Du kannst ja auch weiterhin für sie sorgen. Darum geht es doch gar nicht. Aber deine Enkelkinder und dein Mann könnten ja auch schon mal selbst ihr Geschirr vom Tisch abräumen. Und wenn du eine Spülmaschine hättest, wäre das sowieso kein Problem, eben den Teller dort hineinzustellen."

„Ach, Linda, so viel ist das doch nicht mit dem Abwasch."

„Gut, Mama, dann will ich es dir einmal vorrechnen, wie viele Stunden du mit schöneren Dingen als dem

Abwasch verbringen könntest: Wenn wir von drei Mahlzeiten am Tag ausgehen und du nach jeder Mahlzeit das Geschirr, Töpfe und Gläser abwäschst, abtrocknest und wieder wegräumst, dann brauchst du etwa 1 ½ Stunden am Tag dafür. Stimmt das?"

„Ja, das kann wohl hinkommen."

„Gut, dann sind das in einem Jahr 547,5 Stunden. Du bist nun aber schon seit 50 Jahren Hausfrau. Das bedeutet, auf 50 Jahre hochgerechnet hast du 27 375 Stunden nur mit dem Abwasch verbracht! Überleg dir das mal, 27 375 Stunden spülen!"

„Oh je, das klingt wirklich erschreckend. So viele Stunden habe ich gespült? Aber das Geschirr in die Spülmaschine zu räumen und anschließend wieder wegzustellen kostet doch auch Zeit. Die hast du nicht abgezogen."

„Okay, das stimmt. Also die Spülmaschine wird nur einmal am Tag angestellt. Das Geschirr dort hineinzustellen geht natürlich schneller, als es zu spülen und abzutrocknen. Für das Ein- und Ausräumen der Spülmaschine bräuchten wir jeden Tag etwa 30 Minuten. Das wären im Jahr 182,5 Stunden und in 50 Jahren 9 125 Stunden. Im Ergebnis hättest du also in den letzten 50 Jahren 18 250 Stunden gespart. 18 250 Stunden, die du mit Entspannung oder anderen schönen Dingen hättest verbringen können. Was sagst du dazu?"

„Das klingt wirklich nach viel Zeit. Aber nun bin ich schon 70 Jahre, jetzt brauche ich doch auch nicht mehr damit anzufangen."

„Doch Mama, gerade deshalb. Ich möchte, dass du mehr an dich denkst und Dinge machst, die dich glücklich machen. Gerade, weil du schon 70 Jahre alt bist.

„Also gut. Wahrscheinlich hast du ja Recht. Ich muss wirklich mal mehr an mich denken. Also kümmere dich bitte um eine Spülmaschine für mich. Du hast da mehr Ahnung davon."

„Das mache ich gerne, Mama. Aber du fährst natürlich mit zum Aussuchen. Und wo wir gerade dabei sind, deinen Haushalt zu modernisieren: Du könntest auch dringend einen Wäschetrockner gebrauchen."

„Jetzt übertreibst du aber, Linda. Die Wäsche kann ich ja wohl noch so im Garten aufhängen."

„Mama, du brauchst jeden Tag 30 Minuten zum Wäscheaufhängen. Das sind in 50 Jahren auch 9 125 Stunden. Wenn du einen Trockner hättest, wäre das ein Handgriff. Du würdest die Wäsche aus der Waschmaschine nehmen und sie direkt in den Trockner stecken. Wieder 9 125 Stunden, die du mit schöneren Dingen hättest verbringen können."

„Ja, ja, du hast Recht. Ich könnte mich ja auch mal in den Garten auf die Liege legen, statt dort die Wäsche aufzuhängen. Also, dann lass uns meinen Haushalt modernisieren und auch noch einen Trockner kaufen."

„Das ist schön, Mama. Ich freue mich, dass du endlich einen Geschirrspüler und einen Trockner bekommst. Nicht alle neuen Dinge sind schlecht, auch wenn die Benutzung am Anfang ungewohnt ist. Aber am meisten freue ich mich darüber, dass du jetzt bald mehr Zeit für dich haben wirst!"

„Weißt du was, Linda? Jetzt, wo wir die Entscheidung für einen modernisierten Haushalt getroffen haben, freue ich mich auch. Nur scheiden lasse ich mich nicht, so wie das moderne Paare heutzutage machen!", meinte die Mutter scherzhaft, zwinkerte Linda zu und beide lachten.

Lassen Sie erzählen:

* Welche Erfahrungen haben Sie mit der Spülmaschine oder dem Wäschetrockner gemacht?
* Hätten Sie gedacht, dass eine Hausfrau so viele Stunden mit Spülen und Wäscheaufhängen verbringt?
* Hat Ihnen die Hausarbeit Spaß gemacht oder war es eine lästige Pflicht?

Was Sie noch tun können:

Geschirr von Hand spülen, abtrocknen und wegräumen ...

Spülen Sie oder die Zuhörer nach der Kaffeetafel einmal wieder das Geschirr von Hand. Lassen Sie es abtropfen, trocknen Sie es ab und räumen es anschlie end weg. Achten Sie dabei auf die Zeit, die dafür benötigt wird und vergleichen Sie mit der Rechnung in der Geschichte.

Nur Mut:
Wir suchen Sie als neue(n) Autor(in)!

Sie müssen weder ein zweiter Goethe noch ein lehr- und wissenschaftserprobter Professor Doktor sein: Wir suchen ganz konkret nach echten Praktikern, die im Bereich der Altenpflege in der Betreuung tätig sind und bisher vor allem „gemacht" anstatt geschrieben haben! Vielleicht haben Sie schon lange ein tolles therapeutisches Konzept in der Schublade liegen oder kennen einen cleveren Ansatz für die Pflegepraxis, der sich in der täglichen Arbeit für Sie bewährt hat. Vielleicht haben Sie auch einfach „nur" eine spannende Idee, die Sie immer mal wieder beschäftigt. Ganz gleich, wie weit vorangeschritten: Wir unterstützen Sie von den ersten Gehversuchen an und entwickeln gemeinsam mit Ihnen ein gutes Produkt, das wirklich praxistauglich ist. Schicken Sie uns einfach eine E-Mail an **info@verlagruhr.de**, verraten Sie uns, aus welchem (Pflege-) Bereich Sie kommen, und beschreiben Sie uns kurz Ihre Idee. Wir sind gespannt auf Ihre Vorschläge – denn wer weiß genauer, wo Ihnen und Ihren Kollegen im Alltag der Schuh drückt, als Sie selbst? Eben: niemand! Darum nur Mut – melden Sie sich bei uns.

Postfach 10 22 51
45422 Mülheim an der Ruhr

Telefon 030/89 785 235
Fax 030/89 785 578

bestellungen@cornelsen-schulverlage.de
www.verlagruhr.de